이 나이
먹었으면
뜯길 때도
됐잖아

좋은 건 계속하고 싶은 건 그만두는

거침없고 유쾌한 노후를 위한 조언

이 나이
먹었으면
즐길 때도
됐잖아

와다 히데키 지음 ─ 유미진 옮김

오아시스
Oasis

차
례

서장 영 시니어의 힘

1장 나이는 허투루 먹은 게 아니야,
     영 시니어의 등장

2장 눈치 보지 않고 유쾌하고
명랑하게 나이 드는 법

3장 이제는 즐겁게만 살아도
괜찮을 나이

5장 영 시니어가 치매에 걸려도 행복한 이유

6장 사랑받는 영 시니어는 말투부터 다르다

영 씨니어의 힘

나이 좀 먹었다고
사회 문제 취급은 그만

'언제까지나 활기차게 지내고 싶고, 평생 건강하고 즐겁게 인생을 살고 싶다!' 여러분이 바라는 것은 그저 오래만 사는 것이 아니라, 좋아하는 음식을 먹고 좋아하는 일을 하며 즐겁게 오래 사는 것이죠. 요즘은 80세나 90세인데도 겉으로는 나이를 가늠하기 힘들 정도로 건강한 사람이 매우 많아졌습니다. 저는 30년 이상 노인 전문 정신과 의사로 일하며 6,000명 이상의 고령자를 만나 왔습니다. 최근에는 100세 시대를 밝고 긍정적으로 즐기고 싶다는 새로운 흐름을 느낍니다.

하지만 대중 매체에서는 매일같이 고령화를 심각한 사회 문제처럼 다루며 '노인들뿐이라 일손이 부족하다', '노후 자금이 부족한 고령자가 넘쳐 난다', '요즘 젊은 세대는 미래에 연금을 받을 수 없으니 불공평하다', '간병과 돌봄이 필요한 인구가 늘면 국고가 파탄난다' 등등 노인이 사회의 고질병이라도 되는 듯 심하게 몰아붙이곤 합니다. 혐오를 부추길 의도는 아니겠지만, 전 세대에 불안감과 불만이 조금씩 차곡차곡 쌓이고 있다는 생각이 듭니다.

후생노동성 통계에 따르면 제가 태어난 1960년에는 일본 전체 인구의 평균 연령이 대략 29세였고, 성인이 된 1980년에는 대략 34세였습니다. 그리고 2022년, 해외에서 공표한 데이터에 따르면 48.6세가 되었습니다. 그만큼 젊은 사람과 아이가 줄어들고 노인이 늘어난 것이죠. 현재 일본인의 약 30%가 65세 이상의 고령자입니다. 게다가 현재 65세 여성의 50%, 남성의 25%는 90세까지 살 것으로 추정되고 있습니다. 100세 시대는 캐치프레이즈나 선전 문구 따위가 아니라 이미 현실이란 걸 인지하고 대비해야 합니다.

고령자 인구가 급속하게 증가하며 기존의 사회 구조도 크게 바뀌기 시작했습니다. 갈수록 증가하기만 하는 사회 보장비, 의료와 돌봄, 복지 등의 제도 문제, 노동 인구 감소

와 경제 침체 등 사회가 획기적으로 변해야만 해결할 수 있
는 과제가 산더미입니다. 그래서 일본 정부는 고령자고용
안정법을 개정하여 70세까지는 취업 기회를 제공할 것을
기업 측에 요청했습니다. 사회 보장비를 줄일 뿐 아니라 고
령자의 생산성을 끌어올려 침체하는 경제를 살려 보고자
하는 의도가 엿보입니다.

번영이냐 쇠퇴냐, 그것이 문제로다

생산성을 높여서 경기 부양을 꾀하고자 하는 정부의 생각은 명백히 시대에 뒤떨어진 판단입니다. 생산량이 소비량을 훨씬 능가하는 게 일본의 경제 상황이기 때문이죠. 생산성을 높이면 높일수록 물건은 남아돌고 소비 불황이 계속됩니다.

지금 일본은 다시 번영할 수 있을지 아니면 이대로 쇠퇴의 길로 접어들지, 중요한 갈림길에 서 있습니다. 그러한 국면에서 구시대적 '생산성 신화'를 여전히 신봉해도 괜찮을지, 저는 계속 의문을 제기하고 있습니다. 게다가 생산성 신화라는 낡은 가치 기준에 비추어 노인을 사회의 짐으로 보는 풍조가 만연하고 있습니다. 이대로 가면 노인들의 생산성이 낮은 건 다 각자의 책임이니 그 때문에 장수하지 못하는 건 불가피한 일이라며 의료나 연금을 제한하는 사태가 현실이 될지도 모릅니다. 생산성을 가장 우선시하는 관점으로 인간을 바라본다면 앞으로 더욱더 위험한 방향으로 나아갈 것이 분명하죠. 본격적으로 100세 시대가 도래하기 전에 사회의 가치 기준을 재검토해서 '앞으로는 사람의 가치를 생산성으로 따지는 어리석은 일을 범하지 말자'라고 말해야 합니다.

저는 점점 많아지는 고령자들만이 가진 힘이 출구가 보이지 않는 일본 경제를 구할 원동력이 되리라고 생각합니다. 흔히 고령자를 '나날이 노쇠해지기만 하고, 생산성이 없고, 돈을 쓰지 않으며, 사회에 부담이 되는 존재'로 보기도 하지만 사실 크나큰 오해입니다. '고령자'란 무엇일까요? 일본을 포함한 많은 나라에서 65세 이상을 묶어 고령자라고 부르지만, 이는 그냥 세계보건기구 WHO가 그렇게 정의한 것일 뿐입니다.

2,000조 엔의 70%를 가진 부유한 세대

지금의 고령자는 일반적으로 생각하는 이미지보다 훨씬 더 건강하고 활동적입니다. 적어도 60~70대 태반은 신체 기능과 인지 기능이 젊은 세대에 비해서도 거의 손색이 없습니다. 그리고 개인차는 크겠지만 다른 세대에 비해 경제적으로 여유로운 사람이 많은 편입니다. 직장인으로서 현역이던 시절, 일본의 경제 상황이 지금보다 훨씬 좋았기 때문인지 약 2,000조 엔에 달하는 일본 개인 금융 자산 중 70%를 60세 이상 연령층이 가지고 있다고 합니다. 일본이 경제적으로 가장 강력했던 시기의 주역인 셈이니 그에 상응하는 돈을 모은 것도 당연한 일이겠죠. 그렇게 따져 보면 일본의 고령자를 여러 가지 의미에서 '최강의 세대'라고 부를 수 있지 않을까요?

그런데도 사람들은 고령자가 돈을 쓰지 않는 것이 불황의 원흉인 것처럼 말합니다. 설사 고령자가 실제로 돈을 쓰지 않는 편이더라도 그것은 구매하고 싶은 물건과 이용하고 싶은 서비스가 턱없이 부족하기 때문입니다. 현역 시절, 의식주 모든 면에서 윤택한 생활을 누려 온 세대인데 과거의 고령자 이미지에서 벗어나지 못한 구닥다리 물건과 서비스만 넘쳐 나고 있어 지갑을 열고 싶지 않은 마음도 이해됩니다. 여행이든 맛있는 음식이든 주택이든, 고령자의 마음을 움직일 물건과 서비스가 더욱 풍성해지면 틀림없이 돈을 쓰는 사람들이 늘어날 것입니다. 그러므로 비판의 화살을 돌리려면 구닥다리 물건과 서비스를 제공하는 쪽으로 돌려야지, 소비자에게 돌려서는 안 됩니다.

돈을 쓰면 사람은 건강해집니다. 그건 고령자도 예외가 아닙니다. 의욕을 갖고 적극적으로 행동하고, 무언가를 재미있어하며 긍정적으로 즐기면 심신의 노화 속도를 줄일 수 있습니다. 암이나 치매의 위험을 낮추는 데도 도움이 되고요. 실제로 약간 통통한 체형을 가진 사람이 오히려 건강하게 장수한다는 사실이 밝혀졌습니다. 사실 고령자는 영양분을 과하게 섭취하는 것보다 부족하게 섭취하는 게 문제가 될 때가 많습니다. 즉 노년기에 마음껏 식사하지 않고 참고 절제하는 방식으로 음식을 먹으면 영양 부족으로 병에 걸리기 쉽고 오히려 노화를 앞당길 수 있습니다. 노인이 된다고 마냥 절제하기보다는 나답게 마음 내키는 대로 살아야 합니다. 이것이 고령자가 오래 건강하게 살기 위한 간단한 비결입니다. 적당히 자기중심적으로 사는 것이 딱 좋습니다.

건강하고 활동적인 노년층,
'영 시니어'

현재 일본인의 평균 수명은 남성이 약 81세, 여성이 약 88세입니다. 한편 혼자 일상생활을 할 수 있는 '건강 수명'은 남성이 약 73세, 여성이 약 75세이므로 통계적으로는 8~13년간 길든 짧든 간에 누군가에게 의존하면서 살게 됩니다. 이따금 오해하는 분들이 있는데 이 기간은 '건강상의 문제로 혼자서는 일상생활이 어려운 기간'이지, 병이나 치매에 걸려 몸져누운 채로만 지낸다는 의미는 아닙니다. 이 건강 수명을 어떻게든 늘리는 것이 중요하다는 사실은 새삼 말할 필요도 없습니다. 고령자 개개인을 위해서도 또 우리 사회를 위해서도 말이죠. 인생의 마무리라 말할 수 있는 이 시기를 고령자들은 더욱 나답게, 행복하게 즐기고 싶어 합니다. 그러려면 주위 사람들에게 좀 더 의존해도 괜찮습니다. '폐를 끼치면 안 된다'라는 고정관념은 얼른 버리세요.

건강한 고령자가 돈을 쓰면 경제가 활성화될 뿐 아니라 의료비와 돌봄 비용이 필요한 시기를 늦출 수 있습니다. 현재 노년기를 맞이한 사람, 앞으로 맞이할 사람들이 자신들의 힘을 믿고 그것을 세상에 충분히 보여 줘야 합니다. 고령자와 우리 사회가 앞으로도 계속 행복하려면 고령자를 은퇴하고 사회에서 완전히 물러난 사람으로 취급하는 사고방식과 사회 구조를 뜯어고쳐야 합니다. 우선은 고령자들부터 생각을 바꾸는 게 중요합니다. 지금의 고령자들은 건강하게 혼자 일상생활을 할 수 있으며 소비자로서도 중요한 존재입니다. 10년 전이라면 노인으로 불릴 연령대의 사람들도 지금은 건강 상태나 경제력에서 30~50대에 뒤지지 않습니다.

이 책에서는 건강하고 활동적인 고령자를 최근에 화제가 된 용어인 '영 시니어'로 부르고자 합니다. 이전과는 확연히 달라진 장수 사회를 낡은 상식과 가치관에 얽매인 채

로 살아간다면 행복하게 살 수 있을까요? 결코 그렇지 않
으리라 저는 확신합니다. 100세 시대의 주역은 영 시니어
들입니다.

영 시니어들이여,
한량이 되어라

우선 영 시니어는 '불량한 노인'이어야 합니다. 법이나 도덕을 지키지 말자는 뜻이 아닙니다. 성실하게 열심히 일해 온 사람이 그 연장선으로 나이를 먹고도 꾸준히 건강 관리에 힘쓰거나 절약하고 저금하며 살기보다는 이제는 좀 더 자유분방하게 좋아하는 일을 즐기며 살면 좋겠다는 의미입니다. 나잇값 못 한다는 핀잔을 들을 만한 일에도 서슴없이 도전해야 합니다. 절대로 '내 나이가 있는데…'라는 이유로 하고 싶은 일을 포기하지 마세요. 그런 말을 입에 담을 때마다 노화가 진행된다고 해도 과언이 아닙니다.

일본 경제가 호황이던 시대를 살아온 60대와 70대에게 지금의 일본은 수많은 속박과 상식이 서로 뒤엉킨 숨 막히는 사회로 느껴질 것입니다. 1960년대에는 전 세계의 젊은 이들이 기존의 가치관에 맞서 동시다발적으로 반란을 일으켰습니다. 정치적으로나 문화적으로나 오래된 상식을 거부한 것이 지금의 70대, 그들을 보면서 변혁의 시류에 올라탄 세대가 지금의 60대입니다. 요즘의 갑갑한 일본 사회를 보고 답답함을 느끼지 않을 리가 없습니다.

이처럼 갑갑하기 짝이 없는 상태를 돌파하려면 불량하게 사는 영 시니어들이 다시금 가치관 혁명을 이끌어야 합니다. 100세 시대에 걸맞게 건강에 대한 사고방식부터 사회와 소통하는 법까지, 예전의 상식에서 벗어나 완전히 새로운 가치관을 받아들일 필요가 있습니다. 지금의 노년층은 생각보다 훨씬 더 강한 경제력, 발언권, 체력, 행동력을 가지고 있기에 충분히 세상을 바꿀 힘이 있습니다. 그것이 영 시니어들이 가진 힘, 이른바 '영 시니어 파워'입니다. 건강 수명을 최대한 늘려 그 힘을 충분히 발휘합시다.

노력 안 해도 알아서
빠지는 게 힘입니다

고령자만이 가질 수 있는 힘이라고 하면 한때 화제가 된 유행어 '시니어 파워'가 머리를 스치는 사람이 많을 겁니다. 그 말이 유행하기 전까지는 '망령을 부린다', '노망이 났다'라고 말하며 노화에 따른 쇠퇴를 부정적으로 여겼습니다. 그것을 '시니어 파워가 생겼다'라고 바꿔 말하며, 긍정적인 이미지로 바꾼 사람이 미술가이자 작가인 아카세가와 겐페이 씨입니다. 다만 아카세가와 씨가 말하는 시니어 파워는 '할 수 있는 능력'으로서의 힘이 아닌 '하지 않을 힘', '힘을 뺄 힘'을 의미합니다. 영 시니어에게는 이런 시니어 파워가 분명히 있습니다.

언제까지나 활기차고 건강하게 살고 싶더라도 언젠가는 노화로 인해 뇌와 육체가 쇠약해집니다. 건망증이 심해지거나 걷기 힘들어지기도 합니다. 이는 자연의 섭리이므로 피할 길이 없습니다. 게다가 85세쯤 되면 뇌에 알츠하이머형 변화가 없는 사람이 없습니다. 또 온몸을 검사하면 자그마한 암 한두 개쯤은 반드시 발견되고요. 그러나 건강이 나빠지고 활력이 떨어져도 태생적으로 갖춘 '힘을 빼고 나답게 살아가는 힘'을 통해 즐거운 마음으로 계속 살아갈 수 있습니다. 이것이 아카세가와 씨가 전하고자 한 말이자 시니어 파워 그 자체라고 말할 수 있습니다.

100세 시대에는 정년 이후에 30~40년 정도 노년기가 이어집니다. 이는 사회인으로서 보낸 현역 시기와 거의 비슷할 정도로 긴 기간이지요. 그러므로 노년기를 절반쯤 보내고 나면 60~70대의 '건강하고 활동적인 힘'에서 80~90대에 생기는 '힘을 뺄 힘'으로 힘에 대한 태도를 바꿀 필요가 있습니다. 앞으로 제가 이야기할 영 시니어 파워는 두 힘 모두 아우르는 개념이지만, 그 밖에도 여러 가지 관점에서 영 시니어 파워의 중요성에 관해 말하려 합니다. 세계 기준에 따른 의학적 방법론은 물론이고, 30년 넘게 6,000명 이

상의 고령자를 접해 온 경험을 바탕으로 영 시니어 파워를
기르기 위한 구체적인 방법을 제안하겠습니다.

1장

나이는 허투루 먹은 게 아니야, 영 씨니어의 등장

침대에서 20년 살 바에
펑펑하게 10년만 살겠다

저는 1980년대 후반부터 노인 전문 정신과 의사로서 환자를 진찰해 왔습니다. 이제 저도 60세가 넘어 그 당시 진료실에서 마주하던 환자의 나이가 되었네요. 종종 그 당시의 상황을 떠올려 보는데 고령자의 모습은 지금과 사뭇 달랐습니다. 그때만 해도 60대라고 하면 겉모습부터 노인 같은 분위기가 느껴졌습니다. 환갑 축하 선물로 받은 '찬찬코'[태어난 해와 동일한 간지가 돌아온다는 환갑 때 일본에서는 다시 아기로 돌아간다는 의미를 담아 액막이 색깔인 붉은색 어린이 조끼 '찬찬코'를 입는 풍습이 있다-옮긴이]가 아주 잘 어울릴 것 같은 인상이 대부분이었답니다. 또 70대는 허리가 굽고 보폭이 작아지는 등 완연한 노인의 모습이었습니다. 그러니 고령자의 전형적인 이미지는 정년 후에 손주를 돌보면서 여생을 보내는 것이었습니다. 일반적으로 60세면 정년퇴직을 했는데, 남성의 평균 수명이 70세 중반이었기에 퇴직 후 10년 정도 지나면 저승사자가 데리러 오는, 즉 살날이 얼마 남지 않았다는 통념이 있었고 말 그대로 퇴직 후는 '여생'이라고 할 수 있었죠.

지금은 상황이 전혀 다릅니다. 진료실의 환자나 강연회에서 만나는 청중이나 다들 60~70대인데도 노인으로 보이는 사람은 거의 없습니다. 심지어 80대에도 건강해 보이는 사람이 늘었습니다. 어느 세대나 30여 년 전과 비교했을 때 압도적으로 활기차고 활동적입니다. 또 옷차림도 훨씬 세련되고요. 그렇다 보니 환갑 선물에도 센스가 요구됩니다. 제 친구는 환갑 축하 선물로 빨간색 스마트폰 케이스를 받고 자랑했습니다. 더는 빨간 조끼 찬찬코가 축하 선물이 되는 시대가 아닌 거죠.

2차 세계대전이 끝난 지 2년이 지난 1947년의 평균 수명은 남성이 대략 50세, 여성이 53.9세였습니다. '단카이 세대'[1947년에서 1949년에 태어난 일본의 베이비붐 세대-옮긴이]

는 그런 시대에 탄생했습니다. 2025년에는 단카이 세대 전원이 75세를 넘겨 후기 고령자가 됩니다. 그간 평균 수명이 비약적으로 늘어났습니다. 현재 일본은 평균 수명이 남성 81.4세, 여성 87.5세인 세계에서 손꼽히는 장수 국가입니다. 수명이 늘어나니 전체 인구에서 고령자가 차지하는 비율이 점점 커지는 것은 당연한 일이겠죠.

일본 총무성은 매년 9월이면 '경로의 날'을 기념하여 65세 이상 고령자 인구 통계 데이터를 발표하고 있습니다. 2022년 9월 기준 65세 이상 인구수는 3,627만 명으로 전년 대비 6만 명 증가하여 사상 최대치를 찍었습니다. 또 전체 인구에서 차지하는 비율은 29.1%로 전년 대비 0.3포인트 상승했으며, 이 또한 사상 최고치입니다. 65세 이상 고령자 비율이 전체 인구 중 21%를 넘는 사회를 '초고령사회'라고 합니다. 일본은 이미 2007년에 21% 선을 넘었습니다. 유례없는 초고령사회를 독주하고 있는 것이 일본의 현상황입니다.

하지만 한 세대 전의 고령자와 지금의 고령자는 꽤나 다른 모습을 보여 줍니다. 지금은 노년기에 접어들고도 여전히 건강하고 활기차게 활동하는 사람들이 넘쳐 납니다. 겉으로만 그런 게 아닙니다. 30년 이상 노인 전문 정신과 의

사로서 고령자를 만나 온 저는 노년층의 의식 변화를 피부로 체감하고 있습니다. 예전에는 대부분 오래 살기만 해도 행복하다고 생각했습니다. 지금은 단지 오래만 사는 게 아니라 건강하게 오래 사는 게 행복이라고 생각이 바뀌었죠. 누워서만 지내고 싶지 않고 치매에 걸리고 싶지 않은 사람이 대부분이고, 누워서 지내든 치매에 걸리든 오래만 살면 그만이라고 생각하는 사람은 거의 없습니다. 그리고 정년을 맞아 시간에 얽매이지 않고 좋아하는 일에 집중하려 하거나 앞으로는 내 인생을 즐기고 싶다고 하며 은퇴 후의 노년기를 긍정적으로 받아들이는 사람이 많아진 게 체감됩니다. 21세기에 접어들면서 구세대와 다른 건강한 고령자가 눈에 띄게 늘어났습니다. 저 혼자만의 생각이 아닙니다. 저보다 먼저 이런 영 시니어에 주목한 분들이 있었습니다. 그 이야기를 짧게 소개하겠습니다.

예순 살도 쭈니어,
'영 시니어 모임'

100세가 넘어서도 현역 의사로 활약한 세이로카 국제병원 전 이사장 히노하라 시게아키 씨를 기억하는 사람이 많을 것입니다. 히노하라 씨는 90세를 눈앞에 두고 '영 시니어' 개념을 만들었고 2000년 9월에는 '영 시니어 모임'을 결성하여 활동을 시작했습니다. 평균 수명이 늘어나면서 생겨난 75세 이상 후기 고령자를 영 시니어라는 새로운 계층으로 본 것입니다. 그는 영 시니어를 젊은 세대에게 보호를 받아야 하는 연약한 대상이 아니라 정신적, 신체적으로 자립할 수 있는 고령자라고 생각했기에 영 시니어들에게 사회에 도움이 되도록 그들이 가지고 있는 힘을 발휘해 달라고 목소리를 높였습니다.

75세가 되면 누구나 동맥경화나 고혈압 같은 노화에 따른 만성 질환을 앓습니다. 일본에 이런 만성 질환을 잘 관리하면서 더 활기차고 사교적으로 생활하는 건강한 고령자가 많아지기 시작한 건 20세기 후반부터입니다. 앞서 말했듯 세계에서 가장 먼저 초고령사회에 진입한 일본이기에 영 시니어라는 계층도 등장했다고 볼 수 있겠죠. 히노하라 씨는 그런 영 시니어를 '엘리트 노인'이라고 표현하며 다음과 같이 정의하고 있습니다. '노년기를 창조적으로 살아가며 보내고자 하는 사람', '사랑하고 사랑받는 가족이나 친구가 있는 사람', '앞으로 새로운 일을 시도하려는 행동력이 있는 사람', '어려움을 견디는 정신력과 영성을 지닌 사람'. 이렇게 열거하니 조금 진입 장벽이 높게 느껴질 수도 있겠습니다. 하지만 요즘 고령자 중에는 위와 같은 사람이 몹시 흔한 편입니다.

히노하라 씨가 만든 영 시니어 모임은 노인이 스스로 활동하고 사회와 소통하면서 활기차게 생활하는 것을 목표로 삼고 있습니다. 말하자면 자립하여 건강하게 사는 것에 더해 사회에 기여할 수 있는 일거리를 스스로 찾아내

수행하고자 하는 모임인 거죠. 75세 이상은 시니어 회원, 60~74세는 주니어 회원, 60세 미만은 서포트 회원입니다. 모임의 기본 이념은 사랑, 창조, 인내입니다. 히노하라 씨는 그중 삶의 보람을 느끼는 데 가장 중요한 것은 '창조'라고 당시 잡지 인터뷰에서 말했습니다. 실제로 히노하라 씨는 98세 때 하이쿠[5,7,5의 3구 17자로 이루어진 일본의 짧은 시-옮긴이]를 짓기 시작하여 102세에 생애 첫 하이쿠 문집을 출간했습니다. 컴퓨터나 스마트폰을 능숙하게 다루었으며, 강연에서는 파워포인트를 직접 활용했다고 들었습니다. 히노하라 씨는 자신이 주창한 '노년기에 인생을 창조적으로 살고자 하는 사람'이라는 영 시니어의 자세를 평생 지켜 나간 것입니다.

영 시니어의
다섯 가지 유형

작가인 이쓰키 히로유키 씨는 자신이 80대에 접어든 2013년에 《영 시니어의 사상》[원제는 《신 노인의 사상》이다-옮긴이]이라는 책을 출간했습니다. 이쓰키 씨는 이 책에서 "예전 같으면 진작에 은퇴했을 노인들이 계속해서 꿈틀대며 들썩이고 있다"라면서, 예전의 노인 이미지와는 다른 고령자가 늘어나고 있음을 10년 전부터 눈여겨보았습니다. "기존에는 볼 수 없었던 돌연변이 종족이 이상하게 계속 증식하고 있다. 우선 '영 시니어'로 부르자"라고 설명했죠. 한편 기존에 고령자라고 하면 떠오르는 이미지를 다음과 같이 생생하게 묘사했습니다.

"표정에 활기가 없고, 자세가 약간 구부정하며, 행동이 굼뜨다. 촌스러운 옷을 입고, 몇 푼 안 되는 용돈을 아껴 쓰며 구두쇠다. 동작이 느릿느릿하고, 주위에 민폐를 끼치는 것도 별로 개의치 않는다. 그러면서 입만 벙긋하면 구시렁구시렁 불평을 늘어놓는다. 요컨대 사회에 쓸모없는 사람이다."

지나치다 싶을 정도로 강렬한 표현이지만 후기 고령자와 돌봄이 필요한 노인에게 여러 혜택을 주는 사회 복지 제도를 문제로 여기는 풍조가 있다고 언급하고는 이에 대한 세간의 시선이 차갑다고 덧붙이기도 했습니다.

한편으론 관능적인 소설로 화제가 된 기시 게이코, TV 사회자로 오랫동안 활약하고 있는 구로야나기 데쓰코와 다하라 소이치로, 사상 최고령으로 에베레스트 등정에 성공한 미우라 유이치로 등 유명한 고령자의 이름을 잇달아 거론했습니다. 그러면서 누구나 이러한 '슈퍼 노인'이 될 수 없다는 사실을 고령자 스스로 잘 알고 있으며 그로 인해 절망하고 있다는 것도 함께 지적했습니다.

히노하라 씨가 만든 '영 시니어 모임'에 관해서는 이렇게 말했습니다.

"예순이 넘은 나이에 주니어로 불리면 기분 좋을 것이다."

히노히라 씨는 75세부터 영 시니어라고 봤지만, 이쓰키 씨는 폭을 넓혀서 60대까지 영 시니어로 받아들이고, 그들에게는 과거의 노인에게는 없던 활력과 세상에 대한 저항 의지가 있다고 느꼈습니다. 넘치는 활력을 갖고 있으면서 한편으론 현 상황에 불만을 품고 있는 것을 영 시니어의 특징으로 본 것이지요. 그런 관점에서 이쓰키 씨는 "65세부터 노인 취급하는 것이 적절한가? 과연 65세가 스스로를 노인으로 생각할까?"라는 의문을 제기합니다. 아직 노화가 전혀 실감 나지 않는데 기계적으로 나이에 맞춰 노인 취급을 하는 것에 대한 반항심과 '슈퍼 노인'이 되긴 어렵다는 데서 오는 절망이 영 시니어에게서 활력과 혼돈, 저항 의지를 느끼게 하는 이유라는 겁니다.

이 책에서 이쓰키 씨는 영 시니어를 다섯 가지 유형으로 분류했습니다. 퇴직하여 명함에 쓸 직함이 없어졌지만 평범한 일상으로 돌아가지 못하고 여기저기 얼굴을 내미는 '직함 지향형', 물욕에 눈을 떠 클래식 카메라와 시계, 자동차 등 물건에 관심을 쏟는 '사물 지향형', 유행을 기민하게 따라가며 끝없이 시대와 유행에 맞춰서 사는 '젊은이 지향형', 70세가 넘어서도 컴퓨터나 스마트폰을 자유자재로 활용하는 '첨단 기술 지향형', 방랑하는 하이쿠 시인을 꿈꾸는 '방랑 지향형'입니다. 현대의 고령자라면 누구나 위 유형의 특징을 조금씩은 가지고 있을 겁니다.

나이는 허투루
먹은 게 아니야

히노하라 씨는 노인을 나타내는 노老라는 한자에 본래 존경의 마음이 담겨 있다고 말했습니다. 단순히 늙었다는 뜻이 아니라, 경험을 쌓은 사람이나 학식을 갖춘 사람을 가리킨다고 말이죠. 중국에서는 선생님이 젊더라도 노老를 활용해 '라오스老師'라고 부르고, 에도 시대 일본에서도 '가로'[家老:우두머리 가신-옮긴이], '로쥬'[老中:에도 막부에 상설된 최고직-옮긴이] 등 중요한 직책을 맡은 사람을 가리킬 때 활용했습니다.

사람들은 흔히 나이를 먹을수록 감수성도 둔해진다고 생각합니다. 그도 그럴 것이 쉽게 마음이 동요되는 일이 없어지니까요. 다양한 것을 경험하며 자극을 많이 받았기 때문이기도 하지만, 의학적으로 설명해 보자면 전두엽이 노화하여 뇌가 감정적으로 반응하려면 전보다 더 강렬한 자극이 필요해지기 때문입니다.

하지만 달리 생각해 보면 이는 '나이를 먹을수록 진짜배기를 알아볼 능력이 생긴다'라는 말이기도 합니다. 젊은 시절에는 어떤 음식을 먹든 웬만하면 다 맛있다고 느끼곤 했는데 나이를 먹으면 싸구려 소고기덮밥 같은 것으로는 만족하지 못합니다. 또 예전에는 젊은 개그맨의 허술한 개그를 보고도 폭소를 터뜨렸는데 어느샌가 수준 높은 진짜배기 개그가 아니면 웃음이 안 나옵니다. 다시 말해 고령자는 '진짜배기를 꿰뚫어 보는 눈'을 가지고 있는 셈입니다. 게다가 나이를 먹으면 눈앞의 일에 일희일비하지 않고, 켜켜이 쌓인 지혜를 사용하는 데 능숙해집니다.

도쿄대학교 명예교수인 하타무라 요타로 씨는 실패 원인을 규명하고 똑같은 실수를 반복하지 않을 방법을 찾는 '실패학'을 연구해 왔습니다. 그는 은퇴한 사람이 퇴직 후에 할 만한 일로 상담사를 제안했습니다. 사장이나 회장이 퇴임 후에 은근히 한자리 차지하려고 맡는 상담사가 아닌, 퇴직한 선배 직장인으로서 현역 직장인에게 자기 경험과 인간관계를 나누며 조언하는 역할입니다. 초고령사회가 된 일본에는 이처럼 나이 듦의 장점을 살릴 다양한 시도가 필요합니다.

쇼와 시대[1926년~1989년-옮긴이]에서 헤이세이 시대 [1989년~2019년-옮긴이]에 접어들면서 지금까지의 노인상과 전혀 다른, 활력 넘치는 노인들이 늘어났습니다. 히노하라 씨와 이쓰키 씨가 그것을 간파하고 영 시니어라고 부른 것이죠. 지금은 히노하라 씨와 이쓰키 씨가 말한 영 시니어가 더 많아졌습니다. 경험 많고 활기찬 60대와 70대는 더는 은퇴할 나이가 아니라 사람들이 믿고 의지할 수 있는, 다양한 역할을 수행하기 딱 좋은 나이라고 생각합니다.

노인은 돈을
안 쓴다는 착각

세상은 고령자를 늙고 노쇠하기만 하고 정작 돈은 안 쓰는 사회의 짐 같은 존재라고 쉽게 단정하곤 합니다. 또 나이 들었으면 운전면허를 반납해야 한다고 은근히 압력을 넣거나 노인은 조용히 방구석에서 웅크리고 살아야 한다고 말하는 사람도 더러 보입니다. 현대 일본에서 노인은 존경의 대상은커녕 함부로 대해도 되는 존재로 취급되는 느낌마저 듭니다. 예를 들어 1966년부터 방영된 코미디 프로그램 〈쇼텐〉은 지금도 높은 시청률을 유지하고 있습니다. 그걸 생각해 보면 고령자는 방송국의 소중한 고객일 테죠.

하지만 정작 방송국들은 고만고만한 출연자들이 한자리에 우르르 나오는, 젊은 사람을 대상으로 하는 프로그램에만 힘을 쏟고 있습니다. 이는 노인은 TV 광고를 봐도 지갑을 열지 않는다고 생각하기 때문이라고 합니다. 노인은 소비 자로서 외면당하고 있는 것입니다.

하지만 지금 일본에서 '늙고 노쇠하기만 하고 돈을 쓰지 않는 노인'은 오히려 소수입니다. 히노하라 씨와 이쓰키 씨가 주목했던 '영 시니어'는 그때보다 현저하게 늘어났습니다. 65세 이상 고령자 중 지원과 돌봄이 필요한 사람은 18%라고 합니다. 이 숫자를 뒤집어 생각해 보면 약 82%의 고령자는 혼자 일상생활을 할 수 있다는 말입니다. 그러나 지금 같은 상황에서는 이러한 고령자들도 돈은 안 쓰고 저축만 한다고 오해받기 쉽습니다.

히노하라 씨와 이쓰키 씨가 주창한 영 시니어 개념을 바탕으로 제가 다시 한번 영 시니어를 정의해 보자면 '몇 살이든 의욕과 호기심이 있고, 건강하게 활동하며 소비하고, 사교적으로 살아가는 노인'이라고 하겠습니다. 또 영 시니어는 단순히 젊게 사는 것, 건강하게 사는 것만을 의미하는 게 아닙니다. 실패를 두려워하지 않고 적극적이고 진취적으로 여러 일에 도전하는 것, 지식과 생각에 깊이가 있고 통찰력이 뛰어난 것, 의지가 강하고 신념을 지키며 삶에 소신이 있는 것, 호감 가는 인상에 공감도 잘해 누구나 친밀감을 느끼는 것, 마음가짐이 긍정적이고 호기심이 왕성한 것, 건강하게 오래 살기 위해 신체 관리를 게을리하지 않는 것, 기품 있게 신사, 숙녀처럼 행동하는 것 등 다양한 모습을 전부 담고 있는 단어입니다.

혼자 일상생활이 가능한 고령자는 물론이고 주변의 도움을 받으면서 활기차게 생활하고 있는 고령자도 이런 영시니어 파워를 발휘하면서 영 시니어로서 다양한 즐거움을 누리며 인생의 알토란 같은 시기를 보내고 있습니다. 이것이 제가 그리는 영 시니어와 영 시니어 파워의 모습입니다.

요즘 저의 졸저 《80세의 벽》, 《70세가 노화의 갈림길》 등이 잇달아 베스트셀러가 되면서 일본에서는 때아닌 '와다 붐'이 일어났습니다. 두 책 모두 '맛있는 것을 먹고, 좋아하는 일을 하며 사는 것이 건강하게 장수하는 비결'이라고 말하고 있습니다. 사실 25년 전부터 계속해서 줄기차게 주장해 온 말입니다. 지금에 와서 갑자기 주목을 받고 유명해지니 놀라우면서도 한편으로는 제가 선견지명이 있었다고 생각합니다. 병석에 누워서만 지내도 좋으니까 오래 살고 싶다는 사람은 거의 없습니다. 인생을 즐기면서 오래 살고 싶다는 사람이 대부분이죠. 출판사와 편집자로부터 시니어를 대상으로 하는 책은 잘 안 팔린다는 말을 귀가 따갑도록 들었습니다. 제목에 '70세', '80세'를 넣는다고 했더니 말도 안 된다고 반응했습니다. 하지만 코로나 사태가 시작되면서 그 책들이 큰 호평을 받고 잘 팔렸습니다. 교외에 있는 대형 서점과 아마존에서 1위가 되고 온라인 서점에서도 순조롭게 팔리고 있습니다. 즉 70~80대가 차를 운전해서 제 책을 사러 가거나 능숙하게 온라인으로 구매하여 손에 넣는 것입니다.

고령자는 돈을 쓰지 않는다. 그러니 소비자로 보지 않는다는 인식이 지배적이지만 실태는 다르지 않을까요? 원하는 물건이 있으면 적극적으로 움직여서 바로 구매하고, 사람들 생각과는 달리 IT 응용력도 높습니다. 이처럼 사회에 영 시니어는 행동파에 지적이면서도 훌륭한 소비자라는 인식을 남길 필요가 있습니다.

쓸 땐 쓸 줄 아는 똑똑한 소비자, 영 시니어

80세를 대상으로 쓴 책이 온라인 서점에서 이렇게까지 팔릴 줄은 상상하지 못했습니다. 가만히 생각해 보니 아닌 게 아니라 그 연령대가 되면 서점에 책을 사러 가기보다 아마존 같은 온라인 서점에서 주문하는 것이 편할지도 모릅니다. 스마트폰을 가지고 있는 고령자도 많고, 현역 시절부터 컴퓨터를 접한 사람이 많을 테니까요.

'와다 붐'으로 인해 출판사로부터는 신간 의뢰가 잇달아 들어왔지만, 방송국에서 고령자 대상의 프로그램을 기획하고 싶다고 출연을 요청하거나 기업에서 고령자를 대상으로 개발하고 있는 제품과 서비스에 대한 의견을 듣고 싶다고 제안하는 일은 단 한 번도 없습니다. 새삼 고령자는 소비자로서 잊힌 존재라는 사실을 체감했습니다. 거기다 고령자는 소비자 취급은커녕, 의료비와 간병비로 사회에 부담을 주는 존재로 취급됩니다.

2025년에는 단카이 세대가 전원 75세 이상이 되고 그에 따라 후기 고령자가 일본 인구의 20% 가까이 차지할 전망입니다. 혹자는 이것을 '2025년 문제'라고 부르며 마치 일본에 중대한 위기가 닥칠 것처럼 말합니다. 하지만 저는 오히려 침체하는 일본의 경제와 사회를 구해 줄 열쇠가 바로 이 고령자들이라고 생각합니다.

우선 고도 경제성장기를 보내고 거품 경제 시기도 체험했기에 물건을 보는 안목이 대단히 좋습니다. 그리고 이른바 소비에 익숙한, 쓸 땐 쓸 줄 아는 세대이기에 물건이 팔리지 않아 경제 흐름이 꽉 막힌, 숨 막히는 일본 사회의 분위기를 바꿀 것입니다. 건강하고 돈 좀 쓸 줄 아는 고령자의 소비력은, 좋아하는 물건을 사며 느끼는 기쁨과 즐거움으로 고령자 본인에게 돌아옵니다. 이것이 노년의 활력과 건강을 되찾아 주고 의료비와 간병비 등 사회 보장비를 줄이는 데 도움이 되는 것이죠. 또 고령자의 건강 수명이 길어질수록 소비자로서 돈을 쓰는 기간도 늘어난다고 볼 수 있습니다. 이처럼 건강 수명과 소비 기간은 서로 연관성이 있어 일본 사회 구조를 획기적으로 바꾸는 영향력을 발휘할 것입니다.

지금은 이미 고령자들이 집 안에 틀어박혀 손주나 돌보면서 저승사자가 데리러 오는 때를 기다리는 시대가 아닙니다. 앞으로 나이 들고도 여전히 건강한 고령자가 더 증가하면, 다양한 곳에서 사회와 관계를 맺는 영 시니어도 틀림없이 지금보다 더 늘어날 것입니다.

떳떳하게 쓰고
당당하게 대접받자

아직도 생산성 신화를 신봉하는 사람들이 있습니다. 효율과 성과가 최우선이던 사회에 그대로 머물러 있는 겁니다. 소비량은 늘지 않고 생산량은 과잉되었기에 생산성은 조금 낮아지더라도 소비량을 늘리는 것이 더 중요한데 말이죠. 극단적으로 말하면 이러한 상황에서는 성실하게 열심히 일만 하고 절약하며 돈을 안 쓰는 사람보다 빈둥빈둥 놀면서 여기저기에 돈을 쓰는 사람이 경제에 더 보탬이 됩니다.

앞에서 말한 것처럼, 고령자가 일본을 구한다고 생각한 이유 중 하나는 소비자로서의 힘입니다. 개인 금융 자산 중 70%, 무려 1,400조 엔을 60세 이상 고령자들이 보유하고 있으니까요. 또 앞서 말했듯이 고령자의 80%가 건강하게 자립하여 살고 있습니다. 모든 고령자가 경제적으로 여유로운 것은 아니지만, 돈을 모으기만 하고 자린고비처럼 생활하는 사람만 있는 것도 아닙니다. 대기업에서 정년까지 근무하여 기업 연금 혜택을 받고, 주택 대출금도 다 갚고, 퇴직금도 가지고 있는 사람이 수두룩합니다. 일본의 경제성장기를 이끈 주역이기에 이제 나이가 들어 원하는 대로 마음껏 돈 쓰는 데 눈치 보거나 주저할 필요가 없습니다. 영 시니어는 경제의 관점에서 소비자로서 소중히 대접받아야 하는 존재입니다.

제 책이 베스트셀러가 된 이유를 분석해 봤습니다. 단순히 장수하기 위한 건강법을 담고 있는 게 아니라, 장수하는 시대니까 오래도록 건강하고 즐겁게 지내며 알차게 인생을 즐기자는 메시지에 공감하는 노년층이 많기 때문이라고 생각합니다. 다시 말해 노년기에도 인생을 즐기고 싶다고 생각하는 적극적인 고령자의 존재가 지금까지 보아 온 것 이상으로 드러난 셈이죠.

거듭 말하지만, 여전히 고령자는 소비자 취급을 받지 못하고 있습니다. 수많은 기업이 고령자는 돈을 안 쓸 것이라고 맹신하고 고령자들의 마음을 움직일 만큼 매력적인 상품이나 서비스를 제공하지 않는 것이 본질적인 문제지만, 한편으로는 고령자들의 가치관에서도 이유를 찾아볼 수 있다고 생각합니다. 고령자뿐 아니라 일본 사회에는 '일하지 않은 자 먹지도 말라'라는 식의 해묵은 도덕관과 윤리관이 여전히 만연해 있습니다.

예를 들어, 퇴직하면 젊었을 때부터 가지고 싶었던 스포츠카를 사려고 생각해 왔고, 또 퇴직 후에 실제로 그럴 수 있는 경제적 여유가 생겼는데도 쉽사리 행동으로 옮기는 사람이 없는 이유는 그런 낡은 가치관 때문입니다. 겨우 가족을 설득했더라도 세상 사람들이 부러워하기보다는 따가운 눈총을 보내리라는 것을 잘 알기에 성실하게 일해 온 사람일수록 더 망설이게 될 겁니다.

신문에서는 물의를 일으킨 인물을 '스포츠카를 몰고 돌아다니며…' 같은 식으로 묘사하곤 합니다. 세간에는 스포츠카나 고급 차를 몰고 돌아다니면 비난받아 마땅하다는 분위기가 있습니다. 이는 모든 이가 일정한 규칙을 따르며 똑같은 월급을 받으며 열심히 일한 시대, 말하자면 공업 시대의 분위기입니다. 하지만 이렇게 생각해 보세요. 젊은 시절에 그토록 열심히 일했기에 약속대로 퇴직금과 연금을 받는 것입니다. 주변 눈치 볼 것 없이 스포츠카를 사도 됩니다.

인생을 즐기며 쓸 땐 쓸 줄 아는 영 시니어를 일본 사회는 더욱 소중히 대해야 합니다. 고령자 여러분, 절약과 자제가 미덕이라는 낡은 생각은 잠시 접어 둡시다. 먹고 싶은 것을 먹고, 하고 싶은 일을 마음껏 하면서 사는 것이 좋습니다. 영 시니어는 다양한 인생 경험이 있기에 그럴 수 있는 자격도, 능력도 모두 갖추고 있다고 생각합니다. '내가 이 나이에 뭘…'이라며 겸손 떨 필요가 없습니다. 자신감을 가지고 자신이 원하는 대로 매일을 보내며 인생을 즐기세요. 이는 여러분을 건강하게 장수하는 삶으로 이끌고 나아가 경제와 낡은 가치관을 새롭게 바꾸는 힘이 될 것입니다. 영 시니어의 소비력을 활용하여 침체된 일본을 구하려면 정치와 행정, 기업, 대중 매체도 해묵은 의식을 바꿀 필요가 있습니다.

이 나이 먹었으면
즐길 때도 됐잖아

현재 80세 전후인 사람들은 1955년부터 1965년까지의 고
도 경제성장기에 산업 역군으로서 20~30대를 보냈고 40
대에는 거품 경제의 절정과 붕괴를 체험했습니다. 이러한
시대를 살아왔기 때문에 영 시니어들은 본래 재미있는 일
이나 맛있는 것을 누구보다 잘 알고 있는 소비의 달인들
입니다.

그런데 왜 돈을 쓰지 않는다는 인식이 박혀 있는 걸까
요? 가장 커다란 요인은 영 시니어의 마음에 들 만큼 매력
적인 상품과 서비스가 적기 때문이지만, 앞서 말했듯 절약

과 자제가 미덕이던 시기의 구시대적 가치관이 남아 있기 때문이기도 합니다. 누누이 반복하지만 그저 나이 들어 인생을 즐기고 싶어서 돈을 쓰는 것일 뿐인데 망설일 필요는 없습니다. 돈을 아끼고 허리띠를 졸라매라고 권하는 옛 가치관을 버리지 못하면 나이를 먹을수록 괴롭기만 할 뿐입니다. 왜냐하면 그런 가치관은 '자기 앞가림은 스스로 해야 한다', '대충하면 안 된다', '남에게 의지하지 마라'라는 여러 강박관념을 불러일으키고, 그런 생각을 할수록 늙고 쇠약한 게 당연한 노년기에 낙담할 일이 많아지기 때문입니다. 그러니 예전에는 잘했지만 지금은 못 하는 일에 굳이 매달리기보다 차라리 '못 하겠습니다'라고 깨끗이 단념하고 할 수 있는 일, 좋아하는 일을 하며 즐겁게 사는 것을 우선으로 해야 행복해질 수 있습니다.

하반신이 약하면 약한 대로, 건망증이 심하면 심한 대로, 상황을 받아들이고 사는 것이 중요합니다. 어느 정도 허술하게 대충 사는 혹은 적당히 타협하며 사는 것이 잘 사는 방법인 시대가 될 것입니다.

한 살이라도 젊을 때
습관을 들이자

고령자가 되면 못 하는 일이 늘어나는 것은 당연한 일입니다. 그러니 못 하는 일이 늘었다고 한탄하기보다 적당히 할 수 있는 것을 하며 사는 삶을 수용하는 게 중요합니다. 현역 시절에 뛰어났던 사람일수록 완벽주의의 덫에 걸려들기 쉽습니다. 조금만 망쳐도 전부 다 망친 것이나 다름없다는 사고방식으로는, 불가능한 일에 하루를 다 버리게 될지도 모릅니다. 그랬다가는 하루하루 스트레스만 받고 인생을 즐기는 영 시니어의 삶과는 정반대로 나아가겠죠. 그러므로 노년기를 근면함과 성실함으로부터 졸업하는 시기라고 생각하는 편이 낫습니다. 영 시니어 파워는 그렇게 모든 일을 느슨하게 받아들이는 힘이기도 하죠.

이른바 전기 고령자(65~74세)에게 중요한 것은 몸과 뇌를 지금처럼 꾸준히 사용하는 것입니다. 이 시기에 몸과 뇌를 계속 사용하면 80~90대가 되었을 때 돌봄이 필요한 시기를 늦출 수 있습니다. 즉 건강 수명을 오래 늘릴 수 있다는 말이죠. 65세까지 산 사람의 대부분은 평균 수명을 넘겨서 삽니다. 당연히 누구나 되도록 길게, 인생을 즐기며 살고 싶을 겁니다. 그렇다면 지금부터 의도적으로 몸을 움직이고 뇌를 사용하는 습관을 들이세요. 한 살이라도 젊을 때 습관을 들이지 않으면 운동 기능과 뇌 기능을 쓰기가 점점 힘들어집니다. 의학적 관점에서 말하면 늦어도 70대에는 습관을 들여야 합니다. 70대부터 수영이나 산책이 습관이 된 사람은 80대가 되더라도 체력에 맞춰 계속 수영하고 산책할 수 있습니다. 그러면 체력이 남아 있는 한 계속 수영하고 산책하려 할 테고, 다소 기력이 떨어져도 몸을 움직이려고 하는 마음가짐만은 평생 이어질 것입니다.

운동은 물론이고 그림 그리기, 미술 감상, 연극 관람, 바둑, 장기, 하이쿠, 사진, 서예 같은 취미 활동도 70대부터 습관을 들이면 80대에도 그만두지 않습니다. 그렇게 몸과 뇌를 계속 사용해서 노화를 늦추고 건강 수명을 늘리세요. 아직 60대니까 70대가 되면 그때 시작해도 괜찮다고 생각하지 마세요. 70대부터 습관을 들이라고 한 이유는 80대가 되어서 새로운 습관을 들이는 건 굉장히 어려운 일이기 때문입니다. 신체 기능은 70대 때보다 떨어지고 새로운 것을 시작하려는 의욕도 줄어듭니다.

요즘 60대는 신체 기능과 뇌 기능이 중년층과 거의 비슷합니다. 두 기능을 높게 유지하거나 적어도 기능 저하가 완만하게 진행되기를 원한다면 지금 바로 무엇이든 시작해야 합니다. 내가 오늘보다 젊은 내일은 절대 오지 않으니까요. 의욕과 호기심이 넘치고, 몸이 건강하고, 지식과 경험을 깊이 쌓으면서, 의지를 갖고 적극적으로 살려고 하는 것이 영 시니어의 이상적인 자세입니다. 몸이 노쇠해지고 나서 건강을 회복하려고 애쓰기보다 한 살이라도 젊을 때 좋은 건강 상태를 길게 유지하는 것이 편하고 효율적입니다. 아주 조금이라도 지금 당장 행동으로 옮기면 그 후의 인생이 크게 바뀔 수 있습니다.

2장

눈치 보지 않고 유쾌하고
명랑하게 나이 드는 법

고속 노화의 지름길,
퇴직하고 집에만 있기

정년퇴직을 하고 나서 눈 깜빡할 사이에 폭삭 늙어 버렸다고 말하는 사람을 보곤 합니다. 하기야 매일 직장에 출퇴근하며 나름대로 역할을 가지고 긴장감을 느끼며 살다가 갑자기 일에서 해방되어 일정한 루틴도, 활력도 없는 나날이 이어지면 금방 늙는 게 당연하겠지요. 이처럼 퇴직하자마자 순식간에 늙는 사람들에게는 공통점이 있습니다. 바로 일을 그만둔 참에 지금껏 해 온 다른 모든 활동도 함께 그만두는 것입니다. 쉬지 않고 열심히 일했으니 퇴직하면 아무것도 하지 않고 집에서 빈둥거리며 지내겠다고 말하는 사람들이죠. 하지만 이런 태도는 주의해야 합니다. 60세든, 65세든 퇴직할 때까지 왕성하게 일해 온 사람이 퇴직 후에 무엇을 하며 살지 아무 계획도 세우지 않는다면 단숨에 늙어 버리니까요.

그 이유는 뇌 기능의 관점에서 설명할 수 있습니다. 어떤 일이든 쭉 하다 보면 매일 나름대로 지적 활동을 하고 타인과도 소통하게 됩니다. 이를테면 출근 도중에 전철에 문제가 생겨 지각할 뻔한다거나 지갑을 잃어버린다거나 하는 크고 작은 다양한 사건을 겪게 되고, 그때마다 뇌는 활발하게 활동합니다. 그런데 아무것도 하지 않고 멍하니 집에서만 시간을 보내면 뇌에 자극을 줄 활동이 없으니 전두엽이 빠르게 노화하는 것이지요.

전두엽이란 대뇌의 앞쪽에 있는 부분인데 사고, 의욕, 감정, 성격, 이성 등을 담당합니다. 창조성, 공감, 예상 밖의 일에 대처하는 복잡미묘한 감정이나 감정에서 촉발되는 행동을 담당하고 있습니다. 의욕이나 자발성 같은 감정은 행동과 직결되기 때문에 전두엽이 노화하면 모든 일에 의욕이 없어지고 움직이기도 귀찮아집니다. 그 결과 운동 기능이 떨어지고 뇌의 노화에도 가속이 붙습니다. 그러다 보면 결국에는 생기발랄하던 모습은 온데간데없이 사라지고 무기력하고 초라한 노인으로 변하는 것이죠. 재취업이든 아르바이트든 퇴직 후에 새로운 일거리를 찾는 건 노화를 늦추는 특효약입니다. 반대로 정년퇴직했으니 아무 일도 하지 않겠다는 사고방식은 고속 노화의 지름길입니다.

지금의 60~70대는 정말 건강합니다. 하지만 전두엽의 노화는 40대부터 시작됩니다. 신체 노화보다 전두엽의 노화가 먼저 진행되고, 그에 따라 감정이 노화하면 뇌와 몸의 노화도 가속됩니다. 그래서 감정의 노화가 무서운 것이죠. 65세를 기점으로 전기 고령자가 되면 젊을 때보다 의욕이 떨어지는 게 당연합니다. 다만 그렇다고 미리 포기할 필요는 없습니다. 무기력하고 초라한 노인이 되는 것을 막을 수 있으니까요. 그러기 위해서는 지금껏 해 온 모든 일을 다 관두지 말고 쭉 해 온 일이라면 계속하는 게 좋습니다. 정년이 됐다고 해서 인간으로서의 성장이 끝난 것은 아니며 오히려 지성과 사고력은 더 깊어집니다. 무슨 일이든 깊이 있게 계획하며 심신을 젊게 만드는 영 시니어 파워를 기를 기회로 받아들이세요.

운전을 관두면
노화가 액셀을 밟는다

나이 들었다고 무턱대고 운전면허를 반납하지 마세요. 65세 이상 남녀 약 2,800명을 추적한 쓰쿠바대학 연구팀의 조사 결과가 있습니다. 2010년에 시작된 그 조사에 따르면, 운전을 그만둔 사람은 6년이 지나자 운전을 계속한 사람에 비해 돌봄이 필요할 확률이 2.1배가 되었습니다. 특히 지방에서는 면허를 반납하면 외출하기 불편해서 거의 밖에 나가지 않게 되니까 노화에 가속이 붙는 것이죠. 운전을 그만두고 버스나 자전거 등의 교통수단을 이용해 꾸준히 외출한 사람도 운전을 계속한 사람에 비해 돌봄이 필요할 확률이 1.6배 높았습니다. 물론 뇌 기능, 운동 기능의 상태를 확인할 필요가 있지만 70세 전후라면 운전을 그만두는 사람이 돌봄 대상자가 될 위험성이 더 높다고 볼 수 있겠죠.

고령 운전자가 고속 도로를 역주행하거나 교차로 혹은 주차장에서 브레이크나 액셀을 잘못 밟는 등 실수를 하여 교통사고가 일어날 때마다 언론에서는 떠들썩하게 보도합니다. 그 때문에 고령자들은 치매 위험이 있으니 운전은 위험하다, 고령자는 사고를 일으키기 쉽다고 흔히들 생각하지만 아무런 근거가 없는 편견입니다. 일본 경찰청 교통국의 〈1989년~2019년 교통사고 발생 상황〉을 보면 인구 10만 명당 사고 건수가 가장 많은 것은 만 16세부터 19세로 대략 1,500건이며 20세부터 24세는 877건, 25세부터 29세는 624건입니다. 나이가 많아질수록 오히려 사고 건수가 적어져서 30대부터 60대는 450건 내외에 머무릅니다. 고령자는 70대가 500건 내외, 80대 초반이 605건입니다. 분명 70대부터 조금 증가하긴 하지만, 다른 연령대에 비해 특별히 사고율이 높은 것은 아닙니다.

그러니 나이 들었다는 이유만으로 면허를 반납하면 안 됩니다. 지방에 살면서 쇼핑과 병원 방문을 목적으로 운전을 하는 사람이라면 특히 그렇습니다. 단지 어디에 가는 게 불편해지는 것뿐 아니라 전반적인 생활의 자유도가 크게 낮아지고 나도 모르는 새에 노화의 가속 페달을 밟을 수도 있으니까요.

간단한 일이라도
손에서 놓지 마라

앞서 나이를 먹어도 은퇴하지 않고 무엇이라도 해야 건강하게 오래 살 수 있다고 말했습니다. 나가노현은 예전에는 주민 평균 수명이 낮은 광역 자치 단체 중 하나였습니다. 그런데 1975년이 되자 남성 평균 수명이 전국 4위로 올라갔고 1990년 이후부터는 수차례 전국 1위를 기록하기도 했습니다. 2010년에는 여성 평균 수명도 1위가 되었고 그 후로 남녀 모두 전국에서 최상위권의 평균 수명을 유지하고 있습니다. 게다가 장수는 물론이고, 핑핑고로리[살아 있는 동안에 팔팔하게 살다가 어느 날 갑자기 쓰러져 고통 없이 편하게 죽는다는 의미-옮긴이]라는 말이 생겨날 정도로 죽기 직전까지도 건강한 고령자가 많습니다. 고령자 한 명당 의료비가 전국 최저 수준이라는 조사 결과도 있을 정도입니다.

이후 나가노현의 고령자들이 장수하는 이유에 관한 여러 가지 가설이 제기되었습니다. 꿀벌 애벌레나 메뚜기 같은 식용 곤충을 먹는 습관 덕분이라든지, 산행할 일이 많기 때문이라든지, 심지어 당일치기가 가능한 온천 시설 수가 일본에서 제일 많기 때문이라는 이야기까지 나돌았습니다. 하지만 식용 곤충을 먹는 습관은 점차 사라졌고, 자동차가 널리 보급되며 산행하는 사람도 눈에 띄게 줄어들었습니다. 그래도 나가노현이 여전히 평균 수명이 높은 지역으로 남은 이유는 고령에도 일하는 사람이 많기 때문이라 생각합니다.

나가노현은 지금까지 고령자 취업률 전국 1위를 수차례 기록했습니다. 일본 총무성 통계국의 통계에 의하면 2017년 10월 기준 나가노현의 고령자 고용률은 남성 41.6%, 여성 21.6%로 남녀 모두 전국 1위입니다. 특히 남성의 높은 취업률과 평균 수명은 관련이 있다고 봅니다. 집 안에 틀어박혀 멀뚱히 앉아 있는 게 아니라 몸을 움직여 일하는 것이 운동 기능과 뇌 기능의 노화를 늦춰서 고령자의 수명이 늘어난 것이겠죠. 일을 하는 것이 노화 방지의 묘약인 셈입니다. 그리고 직업적인 노동은 물론이고 매일 밭일을 하고 수확한 채소를 먹거나, 이웃에게 나눠 주며 정을 주고받는 것처럼 일상의 노동과 사회 참여가 여전히 이어지는 것도 장수와 직결된다고 생각할 수 있습니다.

한편 남쪽 지방인 오키나와현은 왠지 주민들이 장수할 것 같은 이미지가 있지만 실상은 그와 다릅니다. 여성 평균 수명은 그럭저럭 상위권이지만, 남성은 전국 평균보다 밑돌고 있습니다. 같은 기후와 풍토 속에서 살고 있는데 어째서 남녀 간에 이토록 큰 차이가 나는 걸까요? 그 이유도 고용률에 있지 않을까 생각합니다. 오키나와현의 남성 고령자 고용률은 전국 최하위입니다. 이것이 평균 수명을 낮추는 요인 중 하나라고 짐작해 볼 수 있겠죠. 한편 여성은 고령이 되어도 가사 노동을 홀로 담당하는 편이라 여전히 역할이 있다고 볼 수 있기에 고용률이 수명에 끼치는 영향이 남성만큼 크지는 않을지도 모릅니다.

하지만 일하기가 노화를 늦추는 데 도움이 된다고 하더라도 나이가 든 만큼 젊었을 때와는 다르게 일해야 합니다. 젊을 때는 돈과 효율을 추구했다면 이제는 경험과 지식을 살려 누군가를 돕거나 사회에 기여하는 일에 가치를 두는 것이 좋습니다. 돈을 많이 벌어야만 가치 있는 일이라고 생각해서는 체력과 기력만 소진할 뿐입니다. 급여가 얼마인지에 얽매이지 말고 지역 돌봄이나 자원봉사 같은 역할이라도 맡아 몸과 머리를 쓰는 것이 좋습니다. 아직 현역인 자녀를 지원하며 집안일을 거들거나 손주의 공부를 도와주는 것도 훌륭한 일이고 사회적 역할을 다하는 것으로 볼 수 있습니다. 항상 현역으로 있고자 하는 태도가 중요합니다.

주민 자치 모임에서 운영을 맡거나 아파트 입주자 대표회 임원을 맡는 일도 좋습니다. 대개는 귀찮아하며 내빼는 사람이 많지만, 기나긴 고령기를 건강하게 보내려면 퇴직 이후에 이런 기회를 살려서 지역 활동에 참여하는 것이 중요합니다. 취미 모임이든 자원봉사든 적극적으로 사회 참여 활동에 노력을 기울이세요. 모두 전두엽을 자극하여 노화 진행을 억제합니다.

미인박명은
옛말이다

심리 요법 중에는 행동 요법이란 것이 있습니다. 이 요법은 행동이 심리 상태를 정하고 행동을 바꾸면 마음도 바뀐다는 원리를 바탕으로 하는데, 이것을 60~70대 노화 방지에도 적용할 수 있습니다. 용모를 단정히 하고 젊어지려고 하면 그 노력만으로도 마음이 건강해져서 의욕이 샘솟고 자세와 표정도 훨씬 생기 있게 바뀝니다. 외모가 젊어지면 노화에도 제동이 걸리는 셈입니다. 반대로 외모를 가꾸는 데 무관심하면 몸과 마음 모두 실제 나이보다 더 노화합니다. 전형적인 늙은이 옷을 입고 머리와 피부 손질을 전혀 하지 않은 채로 사는 자기 모습을 상상해 보면 마음에 돌덩이가 얹어진 듯한 기분이 들지 않을까요?

그러니 현역 때와 마찬가지로 외모를 가꿔야 합니다. 고령자인데도 세련된 사람이나 외모에 신경을 많이 쓰는 사람은 대체로 건강합니다. '화장을 하면 갑자기 등을 반듯하게 쭉 펴게 된다' 같은 이야기를 들어 본 적 있지 않나요? 심지어는 치매가 진행된 고령 여성도 화장을 하자 반듯한 모습을 보이는 것을 수없이 목격했습니다. 일본의 노인 요양 센터는 유료로 출장 미용사에게 커트나 머리 염색을 받을 수 있는 곳이 많습니다. 이 서비스를 이용하는 고령자는 치매 정도가 가볍고 진행이 더디다고 합니다.

오랜 임상 경험을 통해서도 알 수 있습니다. 겉모습에서 노인네 같은 느낌이 나기 시작하면 감정 노화가 진행되어 전보다 더 빠르게 전신의 기능이 저하되는 사례가 많았습니다. 고령자는 젊었을 때보다 더 외모에 신경을 써야만 합니다. 그런 의미에서 외모를 가꾸어 노화를 예방하는 것을 적극적으로 권하고 있습니다. 실제로 노화 속도를 완화하는 데 큰 도움이 되기 때문입니다.

젊은 외모가 젊은 마음을 유지하는 데 큰 영향을 미치는 것은 남성이나 여성이나 모두 같습니다. 그러나 남성은 외모를 젊게 가꾸는 데 별로 신경을 쓰지 않는 편이죠. 덥수룩한 흰머리에 수염도 깎지 않는 사람이라면 꽤 위험한 상태입니다. 뒷방 늙은이처럼 보이면 그 영향을 받아 마음도 신체 기능도 노화하니까요.

정신신경면역학 분야의 연구에서 외모를 젊게 가꾸면 마음도 젊어지며 면역 기능도 개선된다는 사실이 밝혀졌습니다. 면역 기능에도 긍정적인 영향을 준다면 더더욱 관리를 소홀히 할 수 없겠죠. 흡인성 폐렴과 신종 코로나바이러스에 의한 감염증에 굴복하지 않으려면 고령자에게 면역 기능은 중요합니다. 나이를 먹을수록 암 환자가 늘어나는 이유는 면역 기능이 노화하여 불완전한 세포를 제거하지 못하기 때문입니다. 다시 말하지만 외모를 가꾸는 일은 건강하게 오래 살기 위해 매우 중요합니다. 부디 언제까지나 신사, 숙녀다운 영 시니어로서 외모에 신경을 쓰기 바랍니다.

저승까지 못 가져가니
살아 있을 때 사치하자

젊을 때부터 패션에 흥미가 있던 사람이라면 몰라도 평일에는 정장, 휴일에는 청바지와 대형 할인 매장에서 산 옷을 걸치는 회사원 생활을 오래 해 온 남성은 느닷없이 세련되게 꾸미라거나 기분이 산뜻해지는 옷을 입으라는 말을 들어도 마땅한 옷이 없으니 어쩔 도리가 없습니다. 곧바로 백화점이나 유명 브랜드가 모여 있는 매장을 찾아가서 온몸에 걸칠 것을 한 세트 사 오세요. 머리부터 발끝까지, 모자부터 신발까지 이참에 장만하는 것입니다. 아내에게 같이 가 달라고 해도 좋습니다. 패션에 관해 조언해 줄 친구가 있으면 더 좋고요. 물론 가게 점원과 의논하면서 스스로 골라도 됩니다. 다만 절대로 인색하게 굴면 안 됩니다. '이게 마음에 들긴 하지만 그래도 싼 게 최고야'라는 생각은 금물입니다. 지갑이 허락하는 한 사치를 즐기세요. 그렇게 마음에 드는 옷을 사면 당연히 그 옷을 입고 싶어집니다. 옷을 입으면 멋진 곳, 옷에 걸맞은 곳에 가고 싶어지는 법이고요. 이런 사치는 감정을 젊게 만들고 행동반경을 넓혀 줍니다. 즉 전두엽이 활성화되는 것입니다.

나이가 들수록 고집이 세지고 억측하는 일이 잦아지며 툭하면 화를 내게 됩니다. 지금 뜨끔하는 분들이 많을 겁니다. 이는 전두엽의 노화로 인해 성격이 날카롭고 과격해진 것입니다. 전두엽을 활성화하면 이런 날카로운 성격도 부드럽게 만들 수 있습니다. 날카로운 성격은 의욕을 떨어뜨리므로 조심해야 합니다. 이런 사람은 적극적으로 밖에 돌아다닐 마음이 없기에 허구한 날 집에 틀어박혀 있기 일쑤고, 결과적으로 몸과 뇌가 점점 노쇠해지는 악순환이 일어나기 쉽습니다. 따라서 조금이라도 일찍 좋아하는 일을 하면서 전두엽에 자극을 줘야 합니다. 탐구심을 갖고 흥미로운 일을 깊게 파고드는 영 시니어가 됩시다.

전두엽은 예상치 못한 일에 대처할 때나 마음이 두근거

릴 때 활성화됩니다. 다람쥐 쳇바퀴 돌듯 똑같은 일상이 반복되면 전두엽은 반드시 노화합니다. 생활에 변화를 줘야 전두엽을 활성화할 수 있습니다. 그런 의미에서 지금까지 수수한 옷만 입어 온 사람이라면 밝고 선명한 색상의 옷을 입고 기분을 한껏 띄워 보세요. 나이가 들면, 특히 평소에 멋을 부려 본 적이 전혀 없는 남성이라면 평상복으로 너무 수수하고 노인네 같은 옷차림만 입게 될 수도 있습니다. 앞서 말했듯이 이런 복장은 고속 노화의 지름길입니다.

돈은 나 즐겁자고
쓰는 게 맞다

있는 그대로 솔직하게 말하겠습니다. 돈을 쓰면 쓸수록 행복해집니다. 자본주의 사회에 살고 있으니 당연한 말이겠네요. 돈을 쓸 줄 아는 사람은 주변 사람들이 소중히 대하고, 돈 내는 법이 없는 사람은 주변 사람들이 떠나갑니다. 인색한 사람 주위에는 사람이 모이지 않는 법이죠. 심지어 자식들조차 재산은 어차피 나중에 상속받으면 되고 지금 당장은 부모와 가까이 지내고 싶지 않다고 하는 사례를 흔히 접합니다.

돈을 쓰면 주변 사람들이 소중히 대해 주므로 자기긍정

감이 높아집니다. 스트레스가 줄어들어 치매와 우울증 예방에 도움이 될 테고요. 국내든 해외든 가 본 적이 없는 곳으로 여행을 떠나거나 처음 가는 유명한 가게에서 맛있는 음식을 먹으면 전두엽이 자극을 받아 활성화됩니다. 나이를 먹을수록 더 강한 자극이 필요합니다. 그렇게 해서 감동할 수 있다면 젊은 뇌를 유지할 수 있으니 합리적이지요. 건강과 노화 방지에 돈을 쓰며 여기저기 놀러 다니면 그만큼 행복해집니다. 손주 교육과 가족끼리 떠나는 추억 여행을 위해 돈을 쓰면 가족에게도 귀한 대접을 받을 것입니다.

기본적으로 돈은 자신의 즐거움을 위해 쓰세요. 그래야 치매와 우울증을 예방할 수 있습니다. 나이가 들수록 불안한 미래에 대비하자는 생각으로 절약하려고 하거나 한술 더 떠 저금까지 하려는 사람이 많습니다. 하지만 연금과 보험 제도가 있어 비용 부담이 그리 크지 않다는 걸 기억하세요. 세계 굴지의 보험 제도를 지탱해 온 것은 지금 노년기에 접어든 여러분입니다. 열심히 일해서 유지해 왔으니 필요한 순간에는 사양 말고 의존합시다. 몸을 움직일 수 있고 머리가 팽팽 잘 돌아가는 동안은 인생을 제대로 즐겨야 합니다. 돈은 건강할 때 써야 합니다.

물론 시설이 훌륭한 병원의 일인실에 입원하려면 돈이

많이 들겠죠. 하지만 좋은 병원에 입원하려고 돈을 모아 저축하는 것은 본말전도가 아닐까요? 생각한 대로 몸을 움직이지 못하게 되거나 치매에 걸리고 나서는 기껏 돈을 쓰는데도 즐겁지 않고 새삼스럽게 노화를 늦추는 효과를 기대할 수도 없습니다.

앞서 말했듯이 대략 2,000조 엔에 달하는 일본 개인 금융 자산 중 약 70%를 60세 이상이 가지고 있습니다. 그런데 그 막대한 금융 자산을 쓰지 않으며 심지어 대부분 초저금리 금융 기관에 저축하고 있습니다. 경기는 돈을 쓰지 않으면 여간해서는 좋아지지 않습니다. 이대로 경제가 계속 정체된다면 다음 세대에 부채가 쌓일 뿐입니다. 이것은 그냥 넘어갈 수 없는 중대한 문제입니다. 정말로 자식과 손주를 생각한다면 재산을 남기기보다는 펑펑 돈을 써서 경제가 잘 순환하도록 만들어 다음 세대가 더 잘 살 수 있는 토양을 만들어 주는 게 훨씬 합리적입니다.

유산은 자식들
싸움에 거는 판돈이다

저는 본인을 위해서도 그리고 자식을 위해서도 유산을 남길 필요가 없다고 생각합니다. 오랜 세월 노인 전문 정신과 의사로서 의료계에 종사하면서 고령자들의 임종과 그 이후의 과정을 지켜봐 왔습니다. 그런데 좋은 의도로 남긴 유산이 오히려 분쟁의 불씨가 되는 일이 비일비재합니다. 자식이 한 명이라면 모를까 여러 명이면 문제가 되기 쉽습니다. 그리고 유산이 많은 경우는 물론이고 상속세를 내지 않을 정도로 적은 금액인데도 상속을 둘러싼 진흙탕 싸움으로 관계가 틀어지는 모습을 수없이 봐 왔습니다.

부모가 80대나 90대에 사망하면, 자식은 아마 대부분 60대일 겁니다. 60대면 거의 다 퇴직했을 테고, 노후에 대한 불안은 누구나 가지고 있으니 조금이라도 유산을 더 받고 싶다는 마음이 들겠죠. 결국 형제자매끼리 재산을 둘러싸고 의견이 갈리는 일이 생깁니다. 균등하게 분배하겠다고 유언을 남겨도 여전히 문제입니다.

"형은 아파트 살 때 지원을 받았잖아? 애들 학비도 받았고 말이야. 그 몫을 빼고 똑같이 나누다니 말이 안 되잖아."

"나는 근처에 살면서 틈만 나면 어머니를 뵈러 갔어. 어머니는 그 몫을 생각해 준 거야. 너한테는 자식도 없는데 오히려 균등하게 나누는 게 네게 더 좋은 거 아냐?"

"허구한 날 어머니를 찾아간 건 돈을 빌리러 간 거잖아."

이런 문제에서 감정을 배제하고 이야기하기는 힘듭니다. 거기에 각자의 배우자까지 가세할 경우 타협하면 안 된다고 부추겨서 공연히 일이 더 꼬이고 성가시게 됩니다. 이처럼 유산을 둘러싼 다툼으로 가족 관계가 틀어지는 모습을 셀 수 없이 봐 왔기 때문에 저는 절대 유산을 남기지 말자고 생각하게 됐습니다.

재산을 가진 채로 치매에 걸린 경우, 본인을 대신하여 자식이 재산 관리를 모두 대행할 수 있는 제도가 있습니다.

그리고 아무리 부모가 자식에게 물려주고 싶지 않아도 법체계상 유류분은 상속받을 수 있기에 부모 재산을 마치 자기 재산처럼 생각하는 자식이 허다합니다. 이 때문에 상속받을 몫이 늘어나도록 자식이 부모에게 드는 돌봄 비용이나 의료비를 절약하려고 꼼수를 부리는 사례마저 나오고 있습니다.

예를 들어 부모가 집을 팔아 3억 엔짜리 노인 요양 시설에 들어가려고 하는데 자식은 상속받을 재산이 줄어든다고 생각해서 반대하는 일이 많습니다. 그러다 매우 열악한 환경의 노인 요양 시설에 들어가거나 돈을 절약하려고 울며 겨자 먹기로 자식과 한집에서 거주하게 되는 것이죠. 본의 아니게 자식과 살림을 합치게 되어 오래 살아 정든 지역을 떠나 자식 눈치를 보면서 살거나 열악한 시설에서 쓸쓸히 말년을 보냈다는 이야기를 심심찮게 접합니다.

이러한 분쟁이 생기는 이유는 재산이라는 형태로 자식에게 무언가를 남기려고 했기 때문입니다. 가족이 다투는 슬픈 상황을 일으키거나 생각지도 못한 불행한 말년을 보내게 될 바에야 나를 위해 돈을 쓰는 편이 훨씬 낫지 않을까요? 정 무언가라도 물려주고 싶다면 그냥 상속하지 말고 차라리 자식에게 사업을 시켜서 상속할 돈을 그 사업에 투

자해 보세요. 혹여나 자식이 사업에 실패하여 무일푼이 됐다 할지라도 아무 생각 없이 돈을 상속받은 것보다는 낫습니다. 세상을 꿋꿋이 살아 나갈 힘이 생길 테니까요. 또 내 가족에 한정하지 말고 사회라는 더 큰 관점으로 보면 유산으로 돈을 가만히 내버려둘 때보다 경제가 활성화됩니다. 부디 돈은 내 즐거움을 위해서 쓰고 자식에게 유산으로 남기지 않는 것이 영 시니어의 현명하고 새로운 상식이 되기를 바랍니다.

나비처럼 고민하고
벌처럼 사라

돈을 쓰는 행위에는 저마다의 개성이 여실히 드러납니다. 그다지 경제적으로 여유롭지 않은데도 마음에 드는 옷을 찾으면 바로 지갑을 여는 사람이 있는가 하면, 돈은 있는데 티셔츠 한 장도 지독하리만큼 꼼꼼히 알아보고 옷장에 있는 옷들까지 하나하나 따져 보고 나서야 구매하는 사람도 있습니다. 취미 용품이라면 거부감 없이 지갑을 열지만, 마트에서 식료품을 살 때는 쉽사리 결정하지 못하는 사람도 있을 테고요.

 돈을 쓰는 것은 그 사람의 표현력과 독창성을 묻는 행위입니다. 지금까지 살아오며 형성한 가치관을 드러내는 행위라고 말해도 좋습니다. 돈을 어떻게 쓸지 생각할 때, 전두엽은 활발해집니다. 어떻게 해야 예산에 맞출 수 있는지, 무엇을 사야 더 만족스러울지를 따져 보는 일은 실제로 매우 진지하고 심오한 일입니다. 창의력과 기획력, 계획성을 묻는 몹시 창의적인 행위이므로 돈을 쓸 기회는 머리를 쓸 기회로 생각하세요.

갖고 싶은 물건을 발견했을 때 여러분은 어떻게 하나요? '바로 사는 사람', '살까 말까 고민하다 사는 사람', '고민 끝에 사지 않는 사람' 세 종류로 나눌 수 있겠습니다. 하지만 맨 처음에 든 예시처럼 취미 용품인지, 일상 용품인지에 따라 행동 패턴이 나뉘며 상품 가격에 따라서도 달라집니다. 우연히 지나가는 길에 들른 매장에서 마음에 드는 재킷을 발견했다고 가정해 보겠습니다. 그런데 갖고 싶은 마음에 가격표를 봤더니 생각보다 더 값이 비싸다고 보죠. 그럴 때 '이 옷을 입고 나갈 일이 자주 있을까'라든가 '사이즈가 작아서 금방 몸에 안 맞게 될지도 몰라'라고 생각하며 망설이다가 한순간 마음에 제동이 걸릴지도 모릅니다. 갖고 싶다는 생각이 차츰 사라지는 거죠. 그렇다고 그대로 집에 돌아가 버리면 그 재킷을 샀을 때 얻을 수 있었을 새로운 경험을 포기하게 됩니다. 그 옷을 입고 그림의 떡으로 생각해 지금까지는 가지 못했던 곳에 갔을 수도 있으니까요. 새로운 경험으로 전두엽에 자극을 줄 수 있었을지도 모르는데 그 기회를 놓치게 되는 셈입니다.

물건을 살 때는 한창 쇼핑 중인 순간은 물론이고 그 물건을 사용할 때도 전두엽을 자극하게 된다는 걸 잊지 마세요. 옷이든 카메라든 자동차든 마음에 드는 것을 사용하는 일은 큰 기쁨을 줍니다. 뇌 기능의 노화를 늦추려면 전두엽을 강하게 자극하는 기쁨과 감동이 꼭 필요합니다. 그런데 자꾸만 가정을 덧붙이며 망설이다가 욕구에 제동이 걸리면 호기심에도 제동이 걸립니다. 결과적으로 다람쥐 쳇바퀴 돌듯 매일 똑같은 하루만 반복하게 될지도 모릅니다. 뇌에는 욕구 불만이 남고 전두엽을 자극할 일이 없어 노화에 가속이 붙겠죠.

돈도 써 본 사람이
더 잘 쓴다

자본주의 사회에서는 손님이 왕입니다. 돈을 쓰면 한층 좋은 서비스를 받을 수 있고 자기애도 충족됩니다. 따라서 고령자가 돈을 쓰지 않으면 고령자를 함부로 대하는 세상이 되고 통 크게 돈을 쓰면 대접받는 세상이 되는 거죠. 냉정하다거나 부도덕하다고 생각할 수 있겠으나 이것이 현실임을 직시해야 합니다.

누누이 언급했듯이 고령자가 돈을 쓰고 유흥을 즐기면 고령자를 대상으로 하는 비즈니스가 활발해집니다. 고령자를 소비자로 인식하고 고객으로서 소중히 대하면 우리 사회가 바뀝니다. 미래에 사회가 나아갈 바람직한 방향 같은 건 잠깐 미뤄 두고 현재 양상을 생각해 보면 분명한 점이 있습니다. 고령자가 지갑을 닫고 돈을 쓰지 않는 순간 자본주의 테두리에서 떨어져 나가게 됩니다. 돈이 없다고 생각하는 순간 접객 태도가 나빠지는 것이죠. 확실히 이해타산적입니다.

앞서 계속 일하는 것이 중요하고 일을 관두면 안 된다, 평생 현역으로 있어야 한다고 말했습니다. 정년퇴직한 후에도 어떤 일이든 해야 느리게 노화할 수 있다는 뜻이지만 동시에 소비자로서도 평생 현역이어야 한다는 뜻입니다. 생산과 소비 양쪽 다 현역으로 사는 사람이 영 시니어입니다.

고령자를 손님으로 생각한다면 젊은 세대와 동등하게 대하겠죠. 할아버지도 할머니도 아닌 '고객님'인 겁니다. 물건과 서비스를 계속 구매하면 존재감을 드러낼 수 있고, 자기애도 충족되고, 한 사람으로서 존중받으며 계속 사회에 참여할 수 있습니다.

아울러 지금 일본의 고령자들은 돈 쓰는 법을 잘 아는 세대입니다. 1965년 이후, 게이트볼은 고령자 대상의 스포츠로서 전국에서 인기를 끌었습니다. 그때는 고도 경제성장기였지만 당시 노년층은 1900년대 생이었고 유흥을 잘

몰랐기에 게이트볼이 재미있게 느껴졌을 테죠. 하지만 경제성장기에 왕성하게 일한 지금의 고령자 세대는 골프나 볼링, 마작 등을 좋아하는 놀 줄 아는 고령자들입니다. 게이트볼이 한물간 이유는 그 세대가 정년퇴직했을 때 그것보다 더 재미있는 놀거리를 많이 알고 있었기 때문입니다.

제가 20대였던 1980년대 거품 경제 시기에는 스키, 테니스, 서핑 등 데이트에 무게를 둔 문화와 더 다양한 놀거리가 일파만파 퍼졌습니다. 그리고 당시 젊은이들을 가리켜 기존 세대와는 다른 감성과 가치관, 행동 규범을 갖고 있다는 의미에서 신인류라고 불렀습니다. 그 시기를 거친 일본인은 돈을 쓰며 노는 즐거움을 이전 세대보다 훨씬 더 잘 아는 셈입니다. 맛있는 와인이 일본에 수입된 시기도 이 무렵부터고요. 고도 경제성장기와 거품 경제 시기를 보낸 고령자들은 경제 성장이 정체된 환경에서 자란 요즘 사람들보다 소비에 거리낌이 없습니다.

유흥을 즐길 줄 아는 고령자는 의도한 바는 아니지만 감정 노화 예방과 면역 기능 증진에 유리한 습관이 몸에 밴 셈입니다. 소싯적 돈깨나 써 본 영 시니어들이라면 오직 나만을 위해 돈을 쓰는 것에도 심리적인 진입 장벽이 매우 낮지 않을까요? 즐겁게 돈 쓰는 법을 아는 왕년의 신인류,

영 시니어의 힘을 빌리면 일본의 경제 침체를 타파할 수 있습니다.

남들 눈치까지 보기엔
인생이 너무 짧다

영 시니어로서 평생 현역으로 사는 것, 돈을 쓰고 즐기며 사는 것에 고개를 끄덕이면서도 나는 그렇게 못 한다며 손사래 치는 사람이 있을 수 있습니다. 진심으로 공감하는데도 자기 규제가 작용해 그 마음을 가둬 버린 것입니다. 문득 이런 생각이 마음에 걸리는 것이죠. '60세가 넘은 노인이 놀면서 지내다니 볼썽사납지 않을까?', '70세가 넘었는데 매일 이렇게 싸돌아다녀도 되는 걸까?'

고령자는 무의식중에 '고령자라면 당연히 이러해야 한다'라거나 '남자는 사회에 나가 일하고 돈을 벌어 가족을 먹여 살려야 한다', '여자는 가정을 지키고 아이를 기르며 가족을 보살펴야 한다' 같은 20세기의 가치관에 얽매이곤 합니다. 이런 말을 공개적으로 하는 보수파 정치인도 있습니다. 아마 순식간에 사방팔방에서 비난의 화살이 쏟아지겠죠. 요즘에도 이런 말을 하다니 시대착오적이라고 신랄하게 비판받을 겁니다. 요즘은 그런 과거의 규범을 강요하지 말자고 생각하는 사람이 대부분입니다.

일본에서 남녀고용기회균등법이 시행된 것이 1986년입니다. 불과 한 세대 전까지도 '남자는', '여자는' 같은 말을 포함한 암묵적인 규범과 나쁜 폐단이 있었습니다. 그로부터 40년 가까이 지난 지금은 이런 나쁜 폐단이 없어졌다고 생각합니다. 그렇다 치더라도 그런 해묵은 상식에서 완전히 벗어나 자유롭게 살고 있느냐 하면 마냥 그렇지는 않은 것 같습니다. 분명히 겉으로 드러내고 노골적으로 남자니까, 여자니까 운운하며 비판하는 일은 없어졌을지도 모릅니다. 하지만 나는 남자니까 나약한 소리를 하면 안 된다거나 여자니까 나서지 말고 순종하자고 스스로 규제하는 일이 전혀 없나요? 성별과 나이처럼 과거에는 암묵적인 사회 규범과 연결되어 우리를 통제하던 무의식적 자기 규제들이 이제는 없어진 것 같지만, 나도 모르게 튀어나와 행동을 규제하는 일이 분명히 있죠. 이처럼 제도가 자유를 보장하고 있는데도 낡은 가치관에 스스로 얽매이는 일이 종종 있습니다. 그것이 몸에 배어 무의식에 새겨질수록 여러분은 생각과 행동의 자유를 빼앗기게 됩니다. 게다가 무의식적으로 행하는 자기 규제이기에 스스로 자신을 속박하고 있음을 쉽사리 눈치채지 못합니다.

나는 그렇게 할 수 없다고 거듭 생각하다 보면 정말로 못 하게 됩니다. 나에게는 아직 매사 깊이 있게 계획하는 힘과 앞으로 나아가는 힘이 있다고 믿을 것, 영 시니어를 향한 사고의 첫걸음은 거기서부터 시작됩니다.

명랑한 아이처럼
마음 가는 대로 살자

일본에는 제도상으로는 허용되는데 남들의 눈을 의식하느라 하지 못하는 일이 너무나 많습니다. 이번 코로나19 팬데믹 때도 그랬습니다. '동조 압력'[소수 의견을 가진 사람에게 다수의 의견에 맞추라고 암묵적으로 강요하는 것-옮긴이]이라는 말이 순식간에 퍼져 버린 데서 알 수 있듯이 법으로 강제하는 것도 아닌데 사회적으로 압박하고 몰아붙이는 현상이 두드러집니다. 팬데믹 초기에 있었던 '자숙 경찰'[방역 수칙을 따르지 않는 사람들을 사적으로 감시, 제재하는 사람을 가리킴-옮긴이]과 '백신 경찰', 마스크를 강요하는 풍조 같은 게 바로 머리에 떠오를 것입니다.

동조 압력은 사고의 자유를 빼앗습니다. 모두의 눈을 의식하고 모두의 의견과 행동에 맞추려다 보니 자기 생각과 판단과 행동이 사라져 버립니다. 그런 사회 분위기를 무시하고 자유롭게 행동하는 사람은 '다른 사람들은 모두 자제하고 있는데'라는 말을 들으며 순식간에 희생양이 되어 맹비난을 받습니다. 이런 방식으로 사회는 자유를 억압하게 됩니다.

현재 고령자 세대인 60~70대는 낡은 가치관을 부수거나 뚫고 나온 세대입니다. 불합리한 일을 강요받거나 숨 막히는 인습이 있던 시대에 자유로운 삶을 원하여 행동에 나섰고 실제로 사회가 변화하는 과정을 겪으며 인생을 보냈습니다. 원래 새로운 것을 좋아하는, 태생적으로 신인류인 게 틀림없습니다.

은퇴 후 인생 후반전에 다시 한번 해묵은 가치관을 뚫고 나가 주기를 촉구합니다. 오랫동안 고령자를 접해 온 제가 보기에 걷는 게 조금은 불안정하고 치매 증상이 나타나도 '이 사람은 자유롭구나', '생각한 대로, 마음 가는 대로 살고 있구나'라고 생각되는 사람이 많습니다. 그런 이들은 체면이나 타인의 시선 따위 아랑곳하지 않습니다. '노인은 이래야 한다'라는 식으로 자신을 속박하는 일도 없습니다. 오히려 '노인이니까 어쩔 수 없지', '무리하지 못하니까 마음 내키는 대로 할게'라고 하며 고령이 될수록 더 자유로워집니다. 몸을 자유롭게 움직일 수 있을 때 마음껏 행동하세요. 거듭 되풀이하지만, 그렇게 하면 건강 수명이 늘어나고 경제에도 좋은 영향을 미칠 겁니다.

꿈이나 비상식적인 일을 진지하게 이야기하는 사람은 몇 살이 되었든 아이 같다는 말을 듣습니다. 아이 같다는 표현은 멸시하는 말이 아닙니다. '항상 자유로워서 좋다', '상식에 구애받지 않아서 좋다'와 같은 부러움이 담긴 말입니다. 자신이 자유로운지 아닌지 알아보는 방법은 비교적 간단합니다. 행복하다고 느끼는 순간이 있느냐 없느냐를 따져 보면 됩니다. 의무, 책임, 상식, 타인의 시선과 얄팍한 자존심에서 벗어나 마음이 해방되었을 때 비로소 그런 순간이 생겨날 것입니다.

3장

이제는 즐겁게만 살아도
괜찮을 나이

지금껏 노력했으니
이제는 마음 놓고 즐기자

노년기의 행동 기준은 '즐겁냐, 즐겁지 않냐'로 정하세요. 의무감으로 하기 싫은 일을 참으며 열심히 애쓸 필요가 없습니다. 지금까지 충분히 참아 왔습니다. 이 나이에 이런 것은 하면 안 된다는 고정관념을 훌훌 걷어 내고 즐거운 일만 하세요. 이렇게 입이 닳도록 이야기해도 여전히 '내 즐거움을 우선으로 둬도 괜찮을까?'라고 생각하는 고지식한 사람이 있을 겁니다. 일에 대한 책임감과 가족에 대한 의무감으로 열심히 일해 온 사람일수록 이럴 때 어찌할 바를 몰라 막막하겠죠. 즐거움을 우선으로 두는 가치관을 가진 적이 없어서 그런지도 모르겠네요. 하지만 의무도 책임도 충분히 완수했으니 앞으로는 즐거움이 최우선인 삶을 살면 됩니다.

또 정년퇴직 이후에도 자신에게 유용한 일, 가령 수입이 있는 일이나 누군가에게 도움이 되는 일을 해야만 한다고 생각하는 사람이 많습니다. 생산 활동만이 가치 있다고 생각하여 소비 행위 자체에 죄책감을 느끼는 사람이 의외로 많고, 좋아하는 일을 하며 사는 건 시간과 돈 낭비라고 생각하는 것이죠. 특히 여성들은 대부분 내 즐거움을 우선으로 고려하는 건 가족과 주위 사람들에 폐를 끼치는 일이 아닐까 걱정하지요. 남편과 자식만을 위하는 인생에 의문을 느끼면서도 자신을 위하는 것에는 거부감을 느끼는 사람이 부지기수입니다.

그러다 보니 노년기에 기다렸다는 듯이 신나게 노후를 즐기는 사람은 소수일지도 모릅니다. 하지만 엄격하게 자신을 통제하거나 주변을 신경 쓸 필요가 있을까요? 즐거운 일을 하며 기분 좋게 살다 보면 주변 사람에게서 호감이 가는 인물이라는 평을 듣습니다. 언제 만나더라도 즐거워 보이는 사람은 상대방까지 덩달아 기쁘게 하니까요. 행복한 기분의 연쇄 작용이 일어납니다.

더욱이 자신에게 즐거운 일이 누군가를 기쁘게 하는 일도 많습니다. 예컨대 낚시로 잡은 물고기를 이웃에게 나눠 주는 일이 그렇습니다. 카메라를 좋아하는 사람이 공원에서 활짝 핀 벚꽃을 사진으로 담고 있다고 가정해 보죠. 마침 그때 이웃에 사는 가족이 꽃구경을 하러 왔다고 해 봅시다. 그 단란한 모습을 사진으로 찍어 주면 기뻐하지 않을까요? 요리하는 것을 좋아하는 사람이라면 솜씨를 발휘해서 가족과 친구를 기쁘게 할 수 있습니다. 그러니 마음 놓고 즐거운 일을 하세요.

아무리 사소한 일이라도
취미가 될 수 있다

취미나 좋아하는 일이 종종 떠오른다면 곧장 그 일을 시도해 보세요. 고대하던 온천 순례를 마음껏 즐겨야겠다고 생각하면 심장이 두근두근하겠죠. 여행을 좋아하는 사람이라면 한 번도 가 본 적이 없는 곳으로 발걸음을 옮겨도 좋겠네요. 역사, 철도, 전통주 등 자신이 좋아하는 주제로 무엇이든 해 보는 것이 좋습니다. 은퇴를 벼르고 있던 사람이라면 갈수록 취미가 늘어날지도 모릅니다.

그에 반해 '좋아하는 일을 하세요', '취미를 가지세요'라는 말을 들어도 무엇을 하면 좋을지 도통 떠오르지 않는 사람도 있습니다. 은퇴 이후에 취미가 하나도 없으면 빨리 늙는다든가 취미가 있는 사람이 우울증에 잘 안 걸린다든가 하는 말을 들으면 마음에 걸리긴 하지만, 그때까지도 취미다운 취미를 가지지 않은 사람이 고령자가 되고 나서 급하게 취미를 찾기는 어려운 일입니다.

고령자의 취미라면 시 짓기나 분재를 연상하거나 미술관과 박물관 순례 같은 고상한 것을 떠올릴지도 모르겠습니다. 그런 취미가 아니라면 모양새가 그리 좋지 않다고 생각하기도 하죠. 하지만 내가 좋아하는 것, 재미있는 것, 흥미가 솟는 것이라면 무엇이든 취미의 대상이 될 수 있습니다. '세 살 적 버릇이 여든까지 간다'라는 속담처럼 내가 지금 몇 살이든 그냥 좋아하는 것을 좋아하면 그만입니다. 어릴 때 좋아했던 것을 떠올려 보세요. '미니카 수집을 좋아했다', '낚시를 너무 좋아해서 낚시 도구가 보물이었다', '뭐니 뭐니 해도 철도가 좋다. 증기 기관차 사진을 찍으러 홋카이도에 혼자 여행 갔다'라는 식으로 무언가에 빠져들었던 적이 있다면 그걸 다시 시작해도 좋고요. SNS(사회 관계망 서비스)에서는 취미를 공유하는 동호인끼리 새로운 인간관계가 생기기도 한다네요.

'마이 붐'[요즘 자신이 빠져 있는 것-옮긴이]이라는 말의 창

시자인 일러스트레이터 미우라 준 씨는 글쓰기와 음악을 포함해 다방면에서 활약하고 있습니다. 그는 초등학생 때 불상에 매료된 후 포크, 록 등의 음악에 빠지거나 각양각색의 스크랩북을 만들기도 하고, 세간에서 그다지 높이 평가받지 못하는 물건들을 수집하는 등 계속해서 본인이 재밌다고 생각하는 것, 흥미가 샘솟는 것에 몰두해 왔습니다. 야한 사진 스크랩이나 선물 받아도 별로 기쁘지 않을 것 같은 관광지 기념품도 흥미가 나는 대로 몰두하며 즐거워하는 모습을 TV나 잡지에서 자주 보여 주고 있습니다. 연령으로는 미우라 씨도 고령자 대열에 들어갔지만 외모나 발상이 젊을 때 그대로입니다.

미우라 씨만의 이야기가 아니라 작가, 뮤지션, 영화감독 등 문화 예술인 중에는 상식을 가진 사람이라면 하찮게 여기거나 눈살을 찌푸릴 만한 일을 취미로 삼은 사람이 수두룩합니다. 나이에 비해 젊어 보이는 사람도 많고요. 다양한 분야에 흥미를 갖는 사고방식 덕택이라고 생각할 수 있겠네요. 요컨대 무언가에 흥미를 갖고, 호기심을 갖는 것 자체가 중요합니다. 아울러 영 시니어 파워로 그 분야를 더욱 깊게 파고들며 나아가면 훨씬 효과적일 테고요.

무언가를 좋아하기만 해도
느리게 나이 든다

뇌 부위 중에서 전두엽이 가장 빨리 노화한다고 누차 강조했습니다. 빠른 사람은 40대부터 위축이 두드러지기 시작하고 꾸준히 사용하지 않으면 급속도로 기능이 저하됩니다. 이건 말하자면 뇌의 하드웨어에 관해 설명한 것이죠. 여기서 중요한 것은 뇌의 소프트웨어 노화 예방, 즉 사고의 노화도 함께 막는 겁니다. 그 방법 중 하나가 다양한 분야에 흥미를 갖는 습관이고, 취미를 갖는 건 그 습관의 구체적인 실천입니다. 즉 사고의 노화를 막으려면 재미있는 일을 해야 합니다. 그러려면 도움이 될지 안 될지 혹은 실현할 수 있을지 없을지를 따져 보려는 사고방식에서 벗어나야 합니다.

　모든 분야에는 자신이 좋아하는 일을 좁고 깊게 파고드는 마니아가 있습니다. 소위 오타쿠라고 불리는 사람들입니다. 이런 사람들은 호기심이 좁은 범위에만 머무른다는 점에서 사고가 노화되기 쉽다고 말할 수도 있지만, 그 압도적인 깊이는 분명 호기심의 산물입니다. 예를 들어 일본에서 텟짱, 텟츠코라고 불리는 철도 마니아는 사고의 노화를 예방하는 데 유리할 겁니다. 철도 여행을 좋아하는 사람이나 철도 사진 촬영을 취미로 하는 사람, 철도의 출발음과 주행하는 소리를 좋아하는 사람들은 실제로 그걸 들으러 여기저기에 가니까요. 최근에 역 플랫폼이나 기찻길 옆에서 스마트폰으로 열차 사진을 찍는 중년을 자주 봅니다. 고전적인 철도 마니아와 다른 평범한 아저씨, 아줌마가 매우 일상적인 모습으로 철도에 스마트폰을 들이대고 있습니다. 철도가 달리고 있는 풍경을 보고 촬영하고 싶다는 충동이 생긴 것이죠. 이는 정말 고무적인 일입니다.

　철도 마니아뿐 아니라 세상에는 수많은 종류의 오타쿠가 있으며 이들은 일반적인 사람들은 이해하기 힘든 여러 분야에 정열을 쏟아붓고 있습니다.

라멘을 좋아하는 사람 중에는 식당 수백 곳을 찾아다니며 이런저런 다양한 라멘을 먹거나 역사나 계보, 맛, 만드는 법 등을 연구하여 라멘에 통달한 사람이 많습니다. 유명한 노포부터 요즘 트렌드에 따른 식당까지, 이곳저곳 돌아다니며 맛있는 가게를 발견하는 일을 최고의 낙으로 여기는 사람이 흔하다는 거죠. 그런 사람들은 새로 나온 라멘에 관한 정보를 들으면 먹지 않고는 못 배기겠다는 충동이 샘솟는 것입니다.

'세상에, 그런 사람들이 있어? 재밌겠다'라고 생각했나요? 이러한 끈질긴 호기심은 정년퇴직 후 오래 재직한 회사 같은 조직을 떠났을 때 특히 중요합니다. 아무래도 주변으로부터 받는 자극이 적어져서 사고의 노화가 진행되기 쉬우니까요. 사고가 노화되면 '시시하다', '귀찮다', '재미없다'라며 모든 일을 밀어내기만 할 뿐 곁을 내주지 않습니다. 당연하지만 한번 해 볼까 하는 마음도 없어집니다. 자신의 방침과 가치관을 황소고집처럼 고수하는 사람이 시시하다고 한마디 뱉으며 모든 제안을 일축하면 왠지 멋져 보이기도 합니다. 반대로 환갑이 넘은 나이에 철도니 라멘이니 하며 무언가에 열중하는 사람은 어딘가 특이한 사람처럼 보이겠고요. 하지만 우리의 뇌는 조금 멋있어 보이려고 방침이나 가치관에 집착하고 고집부리는 것보다 나잇살을 먹고도 호기심이 왕성한, 어딘가 색다른 모습을 드러내는 걸 더 좋아합니다.

젊은이처럼 행동하면
마음도 젊어진다

이전에 심리학에서는 인간의 마음 상태를 내부에서 솟아
나는 것으로 여겼습니다. 그래서 우울감이나 불안감에 시
달리는 사람에게 마음속 깊은 곳을 살펴서 원인을 규명하
는 정신분석학적 치료를 활발히 행했던 것이죠. 하지만 현
대 심리학에서는 '마음은 외부에서 규정된다'라는 쪽으로
사고방식이 바뀌고 있습니다. 그에 따라 심리 요법도 행동
을 바꾸면 마음도 바뀐다는 원리의 행동 요법이 주목 받고
있습니다. 특히 정신분석학적 치료로는 좀처럼 효과를 못
보던 환자가 행동 요법으로 차도를 보이는 일이 자주 있어

서 실천적인 마음 치료법으로 확대되었습니다.

행동 요법의 원리를 다르게 표현하면 '행동이 마음을 규정한다'라고 할 수 있습니다. 젊은 마음을 유지하고 싶다면 옷차림, 말, 생활 습관을 포함한 행동 패턴을 '젊은 행동'으로 바꾸면 됩니다. 그러면 행동에 따라 마음이 젊어집니다. 앞서 말했듯이 마음을 바꾸기 가장 쉬운 것은 패션입니다. 차분한 색감의 옷만 즐겨 입는 사람이라면 밝은 색상의 셔츠를 입고 거리에 나가기만 해도 기분이 달라집니다. 어울리지 않는다고 거들떠보지도 않던 대담한 디자인과 화려한 색깔의 옷을 입어 보세요. 새로운 머리 스타일과 색에 도전해 보는 것도 좋겠네요. 중요한 것은 행동을 시작하는 것입니다. 나이가 들면 대체로 호기심이 줄어들고 새로운 도전을 하기가 쉽지 않습니다. '일단 해 보고 재미가 없으면 또 다른 것을 찾자'라고 생각하고 바지런히 움직이는 것이 젊음을 유지해 줍니다. 그렇게 생활 속에 생기는 의욕과 긴장감이 마음을 젊게 합니다. 밖에 나가 돌아다니거나 사람들과 대화를 나누면 머리와 몸이 젊어지는 것입니다.

이 말을 거꾸로 생각해 보면 집 안에 틀어박혀 옷차림이나 외모에 신경을 쓰지 않는 생활을 계속할수록 점점 자신감이 없어지고 무기력해진다는 말이기도 합니다. 점점 더 나가기 귀찮아지고 악순환에 빠져 금방 늙어 버리죠. 영 시니어 파워를 발휘해 공감력과 호감도를 높이고 친밀한 인간관계를 쌓으면 그런 악순환에 제동을 걸 수 있습니다. 가끔은 친한 친구를 만나러 나가거나 하면서 이런저런 행동을 한다면 노화 속도를 늦출 수 있습니다.

절제하려는 마음을
절제하자

에도 시대의 베스트셀러 건강서 《양생훈》에는 갖가지 욕심을 삼가는 것이 건강하게 장수하는 비결이고 노인은 조금만 먹는 것이 좋다며 끈질기게 절제를 설파하는 내용이 담겨 있습니다. 이것은 저자인 가이바라 에키켄이 의사이기 이전에 사리사욕을 억제하라고 설파하는 유학자였던 것과 관련이 있습니다. 다만 그것이 고지식한 일본인의 정서에 잘 맞았는지 현대에 이르러서도 다이어트가 건강에 좋다고 하거나 절제하면 장수할 수 있다고 오해하기도 합니다. 하지만 실제로는 정반대입니다. 절제나 고행은 특히 고령자의 몸에 해롭습니다. 섣부른 절제는 노화를 가속합니다. 《양생훈》이 출간된 지 300년 이상이나 지났지만 의외로 지금도 그 사상은 뿌리 깊게 남아 있습니다. '나이가 들면 고기는 좀 적게 먹고 채소 중심으로 식사를 하는 편이 좋다', '콜레스테롤이 걱정인데 역시 고기를 덜 먹는 편이 좋지 않을까?' 이렇게 생각하고 있지 않나요? 심지어 '다이어트를 하면 건강해진다'라는 잘못된 지식이 많은 사람의 머릿속에 박혀 있습니다. 이것은 크나큰 오해입니다. 특히 60대 이후에 하는 다이어트는 건강과 거리가 멉니다. 오히려 단점이 많다는 사실을 알아야 합니다. 약간 살찐 사람이 혈당치와 혈압에 문제가 없는데도 다이어트를 위해 식사량을 줄이면 비타민과 단백질, 콜레스테롤 같은 성분이 부족해져서 대사가 나빠집니다.

조금 더 자세히 설명하자면 식사로 섭취한 탄수화물과 몸에 축적된 지방이 분해되어 에너지로 바뀌는 과정에는 비타민 같은 필수 물질이 있습니다. 몸속은 매우 복잡하고 정밀한 화학 공장이나 다름없어서 다양한 영양소가 일정량 이상 없으면 가동할 수 없습니다. 그런 영양소가 부족하면 식사로 섭취하거나 지방 형태로 몸에 붙어 있던 칼로리를 충분히 소비하지 못하게 되어 남은 칼로리가 지방으로 계속 몸에 쌓입니다.

중장년 이후 젊을 때보다 먹는 양이 적어졌는데 살이 쪘다고 말하는 사람이 있습니다. 스포츠 클럽에서는 나이가 들면서 근육량이 줄어들고 기초 대사량이 떨어지기 때문이라고 설명하죠. 틀린 말은 아니지만. 장기와 세포 기능이 저하된 탓에 지방이 축적되기 쉬워진 점도 간과할 수 없습니다. 살이 잘 빠지지 않는 체질은 대사가 나쁜 몸이고 노화한 몸입니다. 그리고 다이어트는 노화를 촉진합니다. 일반적으로 영양분이 남아도는 것보다 부족한 편이 몸과 뇌에 나쁜 영향을 끼칩니다.

게다가 나이가 들수록 영양 부족에 따른 영향이 나타나기 쉽습니다. 기피 대상으로 취급당하는 콜레스테롤은 세포벽의 재료이므로 부족하면 몸이 왜소해 보이고 피부에도 윤기가 사라집니다. 또 세로토닌을 뇌로 운반하는 데 관여하므로 충분하지 않으면 우울감이 생겨 기운이 없어집니다. 한편 콜레스테롤은 남성 호르몬인 테스토스테론의 재료이기도 합니다. 어차피 나이를 먹으면 시들해지니까 남성 호르몬은 필요 없다고 생각하면 오산입니다. 남성 호르몬은 활력의 원천이고 남녀 모두의 몸에서 만들어지며 행동 의욕에 크게 관여합니다.

그렇지 않더라도 전두엽이 위축되고 동맥경화도 진행되기 시작하면 의욕이 많이 감퇴하여 여간해서는 움직이고 싶은 마음이 들지 않습니다. 콜레스테롤이 신경 쓰인다며 고기와 달걀을 줄이는 건 기운 없고 초라한 노인으로 가는 지름길이죠. 다이어트는 역효과일 수밖에 없습니다. 그러니 무턱대고 절제하지 않는 게 건강에 좋다고 생각하세요.

살짝 통통한 사람이
더 건강하게 오래 산다

60대가 되어 정년퇴직한 사람이 신경 써야 할 중요한 것은 행동하고자 하는 의욕과 운동 기능, 두 가지를 유지하는 것입니다. 앞에서 말했듯이 인간의 몸은 사용하지 않으면 쇠퇴하기 때문에 무슨 일을 하든 계속 현역으로 지내는 생활이 중요하고, 그러기 위해서는 영양분을 충분히 섭취하는 게 중요합니다. 의욕 저하를 막기 위해 저는 육식을 권해 왔습니다. 애당초 머릿속에 '다이어트를 하면 건강해진다'라는 생각이 각인된 이유는 대사 증후군이 겁나기 때문입니다. 알다시피 대사 증후군은 내장 지방이 축적되고 혈

압이나 콜레스테롤, 혈당치에 이상이 보이는 상태로, 당뇨
와 심근경색 같은 질병이 생기기 쉽다는 뜻입니다.

이 대사 증후군을 예방하기 위한 지표로 잘 알려진 것
이 체질량 지수 BMI입니다. BMI는 체중(kg)을 신장(m)의
제곱으로 나눈 값으로 세계보건기구 WHO의 기준으로
는 18.5~25 사이를 '정상'으로 간주하고 바람직하다고 말
합니다. 하지만 전 세계의 여러 통계 데이터를 보면 오히려
BMI 값이 25를 넘는 사람이 장수하는 사례가 적지 않습
니다. 2009년에 일본에서 발표한 연구 결과에서는 40세 남
녀 모두 BMI 값 25~30으로 과체중인 사람의 기대 수명이
가장 길었습니다. 한편 18.5 미만으로 저체중인 사람은 기
대 수명이 가장 짧았습니다. 양쪽의 기대 수명을 비교하면
남녀 모두 BMI가 높은 쪽이 6~7년 정도 장수한다고 볼
수 있습니다. 2006년에 미국에서 행한 국민건강영양조사
에서도 BMI 기준 과체중인 사람이 가장 장수하고, 저체중
인 사람의 사망률이 그보다 2.5배 높았습니다. 즉 통계 데
이터에 따르면 가장 장수하는 것은 조금 통통하고 살찐 사
람이라는 사실이 여실히 드러난 것이죠.

물론 BMI 30을 넘어 비만이 되면 심근경색 같은 병의
위험성이 높아집니다. 하지만 약간 통통한 정도인 중장년

이 대사 증후군 예방을 위해 살을 빼야 한다고 과민하게 반응하는 것은 문제입니다. 오히려 건강 상태가 좋으니 살을 뺄 필요가 전혀 없습니다. 애초에 대사 증후군과 동맥경화 같은 병의 예방은 50대까지나 중요합니다. 60세부터는 기력이 약해져서 휘청휘청하지 않도록 유의하는 것이 가장 우선해야 할 과제입니다.

그런데 왜 나이를 먹으면 의욕이 없어질까요? 그 이유 중 하나가 뇌 속 신경전달물질인 세로토닌의 감소입니다. 세로토닌은 행복 물질이라고도 불리며, 세로토닌이 풍부한 상황에서는 행복하게 지낼 수 있습니다. 하지만 이 세로토닌은 나이를 먹으며 점점 감소합니다. 그래서 나이를 먹을수록 행복감과 의욕이 떨어지고 우울감을 느끼는 사람이 늘어나는 것이죠.

기분이 가라앉거나 짜증이 나거나 감정이 불안정하다고 느낀다면 고기를 많이 먹어 보세요. 세로토닌의 재료가 되는 것은 트립토판이라는 아미노산입니다. 고기에는 트립토판이 많이 함유되어 있습니다. 또 고기에는 세로토닌을 뇌로 운반하는 콜레스테롤이 들어 있기 때문에 고기를 적극적으로 섭취하면 의욕 저하를 억제할 수 있습니다.

스테이크와 소고기 전골 요리를 먹으면 왠지 행복한 기분이 들고 기운이 나는 것은 이러한 메커니즘이 작용하기 때문이죠. 고기를 먹으면 의욕 저하를 억제하는 동시에 풍부하게 함유된 단백질로 뼈와 근육이 만들어져서 운동 기능이 쇠퇴하는 것을 막을 수 있습니다. 심신 모두 충만한 영 시니어로 지내려면 의식적으로 고기를 드세요. 고령자에게는 고기가 곧 정의입니다.

고기 좀 먹는다고
안 죽는다

콜레스테롤은 악당처럼 보이기 일쑤입니다. 왜냐면 동맥경화를 촉진하고 심근경색을 일으킬 위험성이 있다는 사실이 세상에 떠들썩하게 알려졌기 때문이죠. 하지만 정말 콜레스테롤이 몸에 나쁜지 어떤지, 사실은 잘 모릅니다. 면역학자 중에는 콜레스테롤 수치가 높은 사람이 장수한다고 생각하는 사람이 적지 않습니다. 콜레스테롤은 세포막을 구성하는 중요한 물질이고 면역 세포에 필수적이기 때문입니다. 면역 세포가 많이 만들어지고 충분히 작용하여 면역 기능이 활성화되면 감염증에 잘 안 걸리게 되고 암으로 바뀌는 세포를 제거합니다.

일본은 심근경색보다 암으로 더 많이 사망하는 나라입니다. 매년 암으로 사망하는 사람 수가 심근경색으로 사망하는 사람 수의 대략 1.8배입니다. 한편 심근경색이 국민병으로 불리며 사망 원인 1위인 나라는 미국입니다. 따라서 미국인은 대사 증후군을 주의할 필요가 분명히 있습니다. 하지만 일본은 그와 사정이 달라 서구처럼 극단적인 비만인이 거의 없고 너무 뚱뚱해서 걸을 수 없거나 위 절제술을 해야 하는 사람이 매우 드뭅니다. 이런 질병의 구조 차이를 생각하면 심근경색으로 죽는 나라는 콜레스테롤 수치를 좀 낮추는 편이 좋고, 암으로 죽는 나라는 콜레스테롤 수치를 오히려 좀 높이는 편이 좋다고 말할 수 있습니다. 미국인의 하루 고기 섭취량은 약 300g입니다. 당연히 고기 섭취량을 줄이고 비만과 동맥경화를 막아 심근경색을 줄이는 것이 합리적입니다. 반면 일본인의 하루 고기 섭취량은 약 100g 정도에 불과합니다. 원래도 적게 먹는데 더 줄이면 고령자에게 중요한 영양소인 단백질과 면역 세포의 재료가 되는 콜레스테롤이 부족해지겠죠.

1965년까지 일본인의 사망 원인 1위는 단연 뇌졸중이었습니다. 그때까지 일본인은 고기를 거의 먹지 않았기 때문에 단백질 부족이 큰 원인이었습니다. 후생노동성 통계에 의하면 1965년 당시 일본인은 고기를 하루에 30g도 먹지 않았습니다. 젊고 건강한 사람의 혈관은 고무처럼 탄성이 있지만, 재료가 되는 단백질이 부족한 사람의 혈관은 흐물흐물합니다. 아키타현에서도 1975년까지 뇌졸중이 사망 원인 1위였습니다. 짠 채소 절임과 밥을 중심으로 생선과 낫토를 곁들이는 식생활이 원인이었을 테죠. 염분은 많고 단백질은 적으니 혈압이 높은데 혈관은 약해지고, 이래서는 혈관이 터지는 것도 무리가 아닙니다.

그 후 아키타현에서 소금 섭취량을 줄이는 운동을 진행하며 뇌졸중 환자가 줄어든 것이 주목받았지만, 동시에 단백질 섭취량이 극적으로 늘어났다는 사실을 간과해서는 안 됩니다. 또 단백질이 부족했던 시절의 아키타현은 자살률이 전국에서도 눈에 띄게 높았습니다. 근래에는 이 또한 감소하고 있습니다. 고기를 많이 섭취하며 세로토닌과 남성 호르몬이 늘어나고 아무래도 우울감에 덜 빠지게 되는 측면이 있다고 생각할 수 있겠습니다.

억지로 건강식을 먹기보다 좋아하는 걸 즐겁게 먹자

나이를 먹으면 대체로 식욕이 떨어집니다. 따라서 영양분이 부족해지기 쉬우므로 식사는 의식적으로 꼭 챙겨 먹어야 합니다. 그런데 검소한 식생활이 몸에 좋다는 잘못된 상식을 믿고 저영양 상태에 빠지는 사람이 많습니다. 폭음과 폭식은 논외지만 배가 고픈 데도 무작정 참거나 스테이크를 좋아하면서도 먹는 양을 절반으로 줄이거나 하는 식으로 자제할 필요는 전혀 없습니다. 나이가 들수록 참지 말고 좋아하는 음식을 먹는 게 좋습니다.

제가 진료하고 있는 60대 환자들 중에는 겉모습이 유독 늙어 보이는, 소위 나이보다 더 들어 보이는 환자들이 있습니다. 이런 사람은 몸 전체가 왜소하고 피부에 생기가 없으며 주름이 자글자글해서 언뜻 보기에는 70대 중반이나 그 이상으로도 보입니다. 오히려 60대 이후로는 조금 통통한 편이 피부 윤기도 좋고 활동적인 인상을 줍니다. 즉 살찐 것은 건강하지 않다고 맹신하며 심한 다이어트로 저영양 상태에 빠지는 것이 훨씬 건강에 나쁜 것입니다.

60~70대에 저영양 상태가 계속되면 더 나이 들었을 때가 문제입니다. 조금 더 나이가 들면 누구나 기력과 체력이 떨어지니까요. 외출할 일이나 사회적 교류가 줄어들고 활동량이 적어지므로 에너지 소비량도 줄게 되고 식욕은 떨어져 먹는 양이 줄어듭니다. 그 결과 근력과 근육량이 줄어드는 근감소증에 걸리기 쉽습니다. 그러면 더더욱 외출을 피하게 되고 결국 사회적 교류, 활동량, 에너지 소비량이 모두 바닥을 치는 악순환에 빠집니다. 이것이 '프레일 사이클'이라고 불리는 상태입니다. 프레일, 즉 허약함이 연쇄적으로 악순환을 일으켜 눈 깜빡할 사이에 돌봄이 필요한 상태가 되는 것이죠.

살을 빼야 한다는 강박관념으로 스트레스를 받는 사람도 있습니다. 스트레스는 면역 기능을 떨어뜨리는 요인이기에 건강에 더 큰 악영향을 미칩니다. 건강에 신경을 많이 쓰면서도 노화를 늦추지 못하는 안타까운 사람이 너무 많습니다.

맛있는 음식은 전두엽도
춤추게 한다

앞에서도 말했듯이 일본인 사망 원인 1위는 암입니다. 암 예방에 가장 중요한 것은 면역 기능 유지입니다. 암세포 같은 불완전한 세포를 없애는 것이 면역 기능이니까요.

먹고 싶은 것을 억지로 참으면 동맥경화를 막을 수 있을지는 모르겠지만 면역 기능이 저하됩니다. 동맥경화로 심근경색에 걸리는 사람이 줄어들 수는 있겠지만 암에 걸릴 위험이 커지는 겁니다. 원래 일본인은 암에 걸리는 사람이 심근경색에 걸리는 사람보다 대략 1.8배나 많습니다. 결과적으로 먹고 싶은 것을 참는 습관이 수명을 줄일지도 모릅니다. 먹고 싶은 음식을 먹고 맛있다고 느끼면 면역 기능이 높아지고 건강에 도움이 될 가능성이 큽니다. 유쾌한 경험은 면역 기능을 유지하는 데 긍정적인 영향을 주니까요.

게다가 전두엽은 맛있는 음식을 먹을 때 크게 활성화됩니다. 노인 요양 시설의 많은 고령자를 보면 먹는 것이 큰 즐거움이 된다는 것을 절실히 느낍니다. 특히 중장년 이후로 호화로운 요리가 아니더라도 먹는 즐거움을 누리는 것은 누구나 손쉽게 뇌를 활성화할 수 있는 효과적인 방법입니다. 다만 술은 주의해야 합니다. 나이가 들면 술친구가 없다든지 잠을 못 이룬다든지 침울하다든지 하는 이유로 혼자 술을 마시는 일이 잦아집니다. 그런데 혼자 술을 마시면 주량이 늘어나기 쉽고 알코올의존증에 걸릴 위험이 커집니다. 좋아하는 음식을 음미하면서 술을 곁들이는 정도라면 상관없지만, 혼자 만취할 때까지 마시지 않도록 꼭 유의하세요.

치아에 쓰는 돈은
항상 옳다

앞서 말했지만 나이가 들면 들수록 먹는 것이 곧 삶의 기쁨이 됩니다. 맛있게 먹는 것은 인생의 행복과 직결된다고 말해도 좋습니다. 이와 관련하여 꼭 알아 두어야 할 것이 씹는 일의 소중함입니다. 물론 음식을 꼭꼭 씹어 먹으면 충분히 영양을 섭취할 수 있다는 장점도 있지만 씹는 행위 자체가 뇌에 좋기도 합니다. 이전에 껌을 씹으면서 기억력 테스트를 하도록 지시했더니 정확도가 두 배 올랐다는 보고가 있었습니다. 껌을 씹을 때의 뇌 상태를 조사해 봤더니 혈류량이 늘어나고, 특히 뇌 깊숙한 곳에 있는 단기 기억을 담당하는 해마의 혈류가 증가했다고 합니다.

이 메커니즘은 이렇게 생각해 볼 수 있습니다. 껌을 씹으면 뺨에서 약간 뒤쪽에 있는 깨물근이 움직입니다. 이 깨물근은 삼차 신경을 통해 뇌와 이어지기 때문에 깨물근을 움직이면 깨물근에서 나오는 신호가 뇌를 자극하여 혈류가 증가하는 구조인 것입니다. 또 껌을 씹으면 치아의 치근막이 압력을 받습니다. 그러면 치근막에서 나오는 신호가 뇌로 전달되어 자극을 받아 이 또한 뇌 활성화로 이어집니다. 이처럼 뇌의 쇠퇴를 막으려면 '씹는 힘'이 중요합니다.

게다가 치아가 안 좋은 사람은 치매에 걸리기 쉬운 것으로 알려져 있습니다. 60년이 넘는 오랜 기간에 걸쳐 생활습관병의 역학 조사를 행한 '히사야마마치久山町 연구'의 데이터에 의해 남아 있는 치아 수가 적을수록 치매 발병 위험성이 높아진다는 사실이 밝혀졌습니다. 즉 치아가 20개이상 있는 사람에 비하여 10~19개가 남아 있는 사람은 위험성이 1.62배, 1~9개 있는 사람은 1.81배로 높아진 것입니다. 그 이유를 두 가지로 생각할 수 있습니다. 우선 씹는 횟수가 줄면 뇌로 가는 자극이 줄어들기에 인지 기능이 쇠퇴하게 됩니다. 그리고 씹는 힘이 약해지면 생채소처럼 여러 번 씹어야 하는 음식을 피하고 면처럼 부드러운 음식을 먹을 때가 많아집니다. 그러면 뇌와 신경 세포에 필요한 비타민 같은 영양소가 부족해져 치매 발병 위험성이 더욱 높아지는 것이죠.

이러한 점으로 미루어 보아 저는 건강하게 오래 살고 싶다면 틀니를 하든 임플란트를 하든 치아에는 돈을 들이는 게 좋다고 생각합니다. 충치가 아프거나 이가 빠져서 잘 씹지 못하게 되면 영양소를 충분히 섭취할 수 없습니다. 건강하게 장수하는 사람 중에는 80~90대인데도 제일 좋아하는 음식으로 이가 멀쩡해야만 먹을 수 있는 스테이크를 꼽는 사람이 많습니다. 그러기 위해 가장 먼저 갖춰야 할 조건은 치아를 잘 보존하는 것입니다.

꼭꼭 잘 씹을 수 있도록 치아 관리를 잘하면 맛있게 식사할 수 있고 사람들과 대화를 나눌 때도 자신감이 생겨서 사회적 교류가 활발해집니다. 치아 관리에는 돈이 많이 들지만 들인 것 이상의 장점이 있습니다. 어설픈 다이어트 상품을 구매하는 것보다 훨씬 효율이 높은 거죠.

치아뿐만 아니라 잇몸 관리도 게을리해서는 안 됩니다. 우습게 봤다가 큰코다치는 것이 치주질환입니다. 치주질환은 치주병 균이라 불리는 수백 종류의 세균군이 일으키는 잇몸의 염증을 말합니다. 치주병 균은 염증을 일으킨 잇몸에서 혈액을 타고 전신을 돌기 때문에 다양한 질병과 연관이 있습니다.

우선 치주질환에 걸리면 당뇨 증상이 악화됩니다. 원래 당뇨에 걸린 사람은 치주질환에 걸릴 확률이 높다고 할 정도로 두 질환의 상호 관계는 자주 거론되고 있습니다. 또 심장판막과 내막에서 염증을 일으키거나 기관지염, 폐렴을 일으키기도 합니다. 그리고 동맥경화를 진행시키며 협심증과 심근경색, 뇌경색에까지 영향을 미치고 몸 전체에 악영향을 끼쳐서 건강 수명을 줄어들게 합니다.

최근에는 치매의 원인으로 만성 염증을 주목하고 있는데 치주질환은 입안에 항상 염증이 있는 상태입니다. 치매의 최신 치료법에서는 염증을 억제하는 것을 중시하고 있으며 예방법으로서도 효과가 있을 것으로 기대하고 있습니다. 뇌와 가까운 입안에 항상 염증이 있는 상태는 역시 위험합니다. 이와 잇몸 상태는 전신의 건강과 연관되어 있으므로 식사할 때마다 이를 닦고 정기적으로 치과에 다니며 정기 검진을 받는 등 구강 관리에 철저한 영 시니어가 됩시다.

4장

싫은 일은 하지 말고
좋아하는 일은 참지 말자

즐거운 일만 하기에도
바쁘다

정년까지 조직 안에서 오래 일해 온 사람들은 협동심이 뛰어나고 모든 일에 참을성 있게 대처할 수 있다는 장점이 있습니다. 그러나 정년이 되어 조직을 떠나 자유롭게 살 수 있게 됐는데도 세상의 상식을 따르느라 자신의 바람과 욕망을 억누르며 사는 사람이 많습니다. 100세 시대를 즐겁고 행복하게 살려면 정년퇴직 후에는 고정관념에서 벗어나 욕구를 절제하지 않는 삶을 긍정적으로 여겨야 합니다.

절제는 노화를 촉진합니다. 스트레스든 영양 부족이든 여러모로 건강을 해치는 원흉이라고 해도 과언이 아닙니다. 특히 일본인은 절제와 자제가 미덕이라고 생각하는 사람이 많고, 지나치리만큼 자신의 욕구와 즐거움을 억제하려는 경향이 있습니다. 젊을 때였다면 그것이 긍정적으로 작용하는 사례가 있을지도 모르겠지만, 60대부터는 거의 마이너스로만 작용합니다.

노년기를 건강하게 보내고 남은 인생을 즐기기 위해 중요한 것은 면역 기능 유지입니다. 이 책에서 내세우는 영 시니어 파워를 담보하는 것도 바로 면역 기능이고요. 면역 기능이 좋은 사람은 질병이나 스트레스에 강하고 훨씬 건강하게 살 수 있습니다. 신종 코로나바이러스가 유행했을 때 감염된 사람과 감염되지 않은 사람의 차이 중 하나가 바로 면역력이었습니다. 일본인 둘 중 하나가 걸리고 셋 중 하나의 사망 원인인 암도 노화에 따른 면역 기능 저하와 관련이 있습니다. 또 고령자의 경우, 감기에만 걸려도 면역력이 떨어지다가 흡인성 폐렴이 동반되어 사망하는 사람이 상당히 많습니다.

그렇다면 면역 기능을 높게 유지하려면 어떻게 해야 할까요? 저는 가능한 한 스트레스를 없애고 마음껏 인생을 즐기며 사는 것을 권합니다. 불안과 스트레스가 많은 사람일수록 면역력이 떨어집니다. 면역력이 높던 젊은 시절에도

'한창 바쁘게 일할 때 유행성 감기에 걸렸다', '실연했더니 감기에 걸렸다' 같은 경험을 해 본 사람이 있을 것입니다. 마음과 뇌의 작용이 면역 기능에 막대한 영향을 미친다는 사실이 최근 정신신경면역학 분야의 연구를 통해 하나둘 씩 밝혀지고 있습니다. 싫은 일은 되도록 하지 말고, 즐거운 일을 우선으로 두는 것이 60대가 지켜야 할 중요한 철칙입니다.

싫어하는 사람을
굳이 만나야 할까

60대에서 70대로 나이를 먹어 갈수록 인간관계를 돌보기
가 귀찮아지곤 합니다. 그것은 적극성과 의욕을 불러일으
키는 남성 호르몬이 감소하는 것과 관계가 있으며 특히 여
성보다는 남성의 인간관계가 좁아지는 경향이 두드러집니
다. 오히려 폐경 후 여성은 남성 호르몬이 증가하여 기운이
넘치고 더 사교적으로 변하기도 합니다. 노부부 중 아내는
노상 친구들과 놀러 다니는데 남편은 내내 집 안에 틀어박
혀 있는 경우가 많아지는 이유도 노년기의 호르몬 변화 때
문입니다.

그러나 호르몬 때문이라 하더라도 노화를 막으려면 인간관계에 신경을 써야만 합니다. 우리가 사람들과 대화를 나누고 교류할 때면 전두엽이 활성화되기 때문에 뇌의 노화가 느리게 진행됩니다. 또 인간관계를 유지하면 남성 호르몬이 조금씩 증가하는 경향이 있고 기력과 적극성이 생겨 사람들과 교류할 의욕이 전보다 더 많아지는 선순환이 생깁니다. 정년퇴직한 이후에 그때까지 쌓아 온 인간관계를 모조리 끊어 버리는 사람이 있습니다. 그러나 되도록 인간관계는 계속 유지하세요. 사람들과 친하게 지낼 능력을 유지해야 합니다.

다만 싫은 사람과 억지로 어울리는 일은 그만두세요. 은퇴 후에는 업무와 거리를 둘 수 있으니 의무감이나 타성으로 싫은 사람과 어울리지 않아도 됩니다. 솔직한 마음에 따라 좋아하는 상대, 즐거운 친구하고만 인간관계를 유지하면 됩니다. 야구나 축구를 화제로 삼든, 아니면 시사 문제를 떠들든 공통점이 있고 의견이 맞는 상대와 무엇이든 의견을 나누는 일은 전두엽 활성화에 이상적입니다. 취향이 같더라도 그 나이가 되면 전두엽 위축이 진행되고 서로 의견 차가 생겨 싸움이 일어나기 쉽습니다.

영화, 면 요리, 철도, 역사 등 취미가 같은 사람 중에서는 취향도 일치하고 의견과 마음도 맞는 상대를 찾기 쉬울지 모릅니다. 영 시니어는 그런 심지가 있는 친구하고만 대인 관계를 맺으면 됩니다.

까짓것 미움 좀 받고
살아도 된다

일본 사회에는 자기 뜻을 굽히지 않고 사는 제멋대로 건 예의에 어긋난다고 생각하는 분위기가 있었습니다. 이른 바 '무라 사회'[무라村: 마을, 폐쇄적이고 인습에 사로잡힌 배타적인 사회를 일컬음-옮긴이]라고 말하는 가치관이 회사든 학교든 인간관계가 있는 곳에는 반드시 존재했습니다. 거기서 가장 미움받는 사람은 집단의 화합을 깨뜨리는 사람이고, 그처럼 '무라'의 질서를 따르지 않는 사람은 동네에서 따돌림당하고 배척당했습니다. 집에 불이 났을 때와 장례를 치를 때만 주민들과 교류할 수 있고, 그 외에는 내내 따돌림당하기 때문에 그렇게 되지 않으려면 규율을 따라야 했습니다.

제가 젊은 시절을 보낸 1980년대에는 여전히 그런 문화가 남아 있었습니다. 고집이 너무 센 탓에 미운털이 박혀 따돌림을 당하던 사람은 나중에 돌봄이 필요해져도 아무런 도움을 받지 못하기도 했죠. 하지만 지금은 돌봄이 필요하다는 인정을 받으면 돌봄 지원을 받을 수 있습니다. 주변 사람의 지원이 없어도 어떻게든 살 수 있습니다. 다시 말해 까짓것 미움 좀 받아도 상관없다는 식으로 뻔뻔하게 굴 수 있는 시대입니다.

그런 측면에서 봤을 때 2000년 4월에 출범한 개호보험 제도[노인들의 건강과 생활을 지원하는 일본의 대표적인 복지 정책 중 하나. 노인 요양 서비스만을 전담하는 사회 보험에 일반 기업이나 시민 단체가 노인 요양 서비스 제공의 주체로 참여하는 일본의 공적 보험 제도-옮긴이]가 이 '무라 사회' 같은 낡은 가치관에 새바람을 불어넣었다고 볼 수 있습니다. 개호보험 제도가 시작된 지 20년 이상 지나며 시대는 변했습니다. 그런데 여전히 '주위 사람과 사이좋게 지내야 한다', '남들에게 미움받고 싶지 않다'라는 사고방식에 매몰되어 주변 사람들에게 맞춰 주려고 애쓰는 고령자가 많이 보입니다. 싫어하는 일은 하지 않고 좋아하는 일은 참지 않는 것을 인생의 철칙으로 삼고자 할 때도 이러한 인간관계에 대한 조심성이 계속 결정을 망설이게 하고는 하죠. 그러나 지금껏 수많은 구속 안에서 숨죽이고 살아왔을 터, 이제 나이도 들었으니 매사 타인을 의식하고 조심하며 살아야 하던 마음의 감옥에서 풀려나세요. 지금까지 오래 견뎌 온 사람이 자신을 해방하고 본모습을 가감 없이 드러내려면 연습이 필요할지도 모릅니다. 가장 좋은 방법은 생각한 것을 말로 표현해 보는 것입니다.

'이런 말을 하면 괜히 분위기가 어색해지지 않을까?'라는 생각에 망설여지더라도 말투나 상대가 말할 타이밍을 배려하면서 눈을 질끈 감고 말로 내뱉어 보세요. 물론 본심을 내뱉으면 틀림없이 반박하는 사람이 나옵니다. 하지만 생각보다 더 호의적인 반응을 보이는 사람도 분명히 있을 것입니다.

딱 통하는 사람이 반드시 한 명은 있다

예시를 하나 들겠습니다. 신종 코로나바이러스가 무서우니 백신을 접종해야만 한다고 말하는 고령자들 사이에서 이런 의견을 말해 보세요.

"나는 백신 접종을 하지 않을 생각이다. 고령자에게는 장점보다 부작용이 크다고 본다. 그리고 노인은 가벼운 병에 걸려도 목숨을 잃을 위험이 있는데 신종 코로나바이러스만 겁내는 것도 좀 이상하다고 생각한다."

이런 식으로 본심을 말했을 때 분위기를 험악하게 만드는 상대와는 멀어지는 것이 낫습니다. 만날 때마다 불쾌한 기분이 드는 사람 탓에 인간관계를 맺는 것 자체가 싫어질 수도 있으니까요.

의견이 맞는 사람이 반드시 한 명쯤은 있을 것입니다. 미움받는 것이 두려워서 본심을 숨길 필요는 없습니다. 세상에서 벌어지는 수많은 일에 대해 한 가지 방식으로만 사고해야 한다고 생각하고, 그것을 의심하지 않으면 전두엽의 노화가 진행되고 뇌에도 안 좋은 영향이 퍼집니다. 또한 생각이 막혔을 때 우울증에 걸리는 등 정신 건강에도 문제가 생깁니다.

그런데 TV나 라디오에서는 'A는 좋다', 'B는 나쁘다'라고 정답을 강요하는 일방통행식 대행진이 펼쳐지고 있습니다. 저는 그래서 세상 사람들에게 다른 사고방식을 제시하고, 조금이라도 더 다양한 각도로 생각해 볼 수 있게 힌트를 주고자 계속 시도하고 있습니다.

뇌의 노화 예방, 정신 건강, 사고의 유연성을 위해 TV나 라디오에서는 방송하지 않는 민감한 사안을 포함해 제가 생각하는 정답, 저의 본심을 앞으로 계속 보여 드리겠습니다.

직함을 떼면 진짜배기 관계를
만들 수 있다

일이 곧 인생의 전부였던 삶을 살아온 남성은 퇴직 이후의 인생이 마치 하늘에서 갑자기 툭 떨어진 것처럼 느껴지기 때문에 대부분 갈팡질팡하게 됩니다. 퇴직 후 상실감을 느껴 심한 우울중에 빠지는 사람도 있습니다. 근무한 기간이 길면 길수록 그럴 위험이 높아집니다. 정년퇴직을 계기로 우울해지거나 활동량이 한순간에 떨어지는 것은 노화를 가속하는 커다란 위험 요인이므로 노년의 새로운 인생에 연착륙할 필요가 있습니다.

함께 일하는 동료가 없어져 상실감이 생긴 것이라면 술

모임이든 골프 모임이든 정기적으로 마음이 맞는 사람끼리 모이는 자리를 만들어 보는 게 어떨까요? 꼭 동기를 모두 부르지 않아도 됩니다. 마음이 맞는 친한 사람들하고만 만나서 즐겁게 시간을 보내면 됩니다. 만일 회사를 그만두자마자 친하게 지내던 사람과 사이가 멀어진 것 같아 침울해하는 것이라면 조금 문제입니다. 직장을 그만둔 것을 마치 자기 자신을 잃은 것처럼 느끼고 있을지도 모르니까요. 하지만 그런 인간관계는 없어져도 무방하다고 생각하세요. 직책이 있을 때는 친하게 지냈는데 퇴직한 후에 관계가 서먹해졌다면 그 사람은 당신의 직함을 보고 교류한 것에 불과합니다. 오히려 퇴직하여 직함이 없어진 덕택에 진짜배기 인간관계를 만들 기회가 늘었다고 생각할 수도 있습니다. 취미 모임이나 봉사 현장, 새로 시작한 일터에서 의견과 가치관이 맞는 사람, 대화하면 즐거운 사람과 새로운 인간관계를 만들어 가세요.

초고령화가 진행되는 지금, 60~70대는 상실감을 불러오는 인생의 고비가 줄줄이 찾아오는 시기입니다. 부모님 간병과 임종을 예로 들 수 있겠네요. 과거라면 이런 일을 좀 더 젊었을 때 경험했겠지만, 100세 시대에는 60~70대에 겪는 일이 많아졌습니다. 배우자를 간병하는 일도 늘어났습니다. 이처럼 다양한 인생의 고비는 심신이 모두 충만한 50대였다면 다소 힘에 부칠지라도 어떻게든 극복했을 겁니다. 정년퇴직 이전이라면 회사 동료가 무언가 힘이 되어 주었겠죠. 하지만 60~70대가 되어 심신의 기능이 쇠퇴하는 시기에 이런 일이 일어나면 엄청난 부담으로 다가옵니다.

퇴직 후에는 사교적인
한량으로 살자

정신의학에서는 우울증을 유발하는 가장 큰 요인으로 사랑하는 대상을 잃었을 때의 상실감을 꼽습니다. 특히 부모나 배우자의 죽음은 인생에서 가장 큰 상실감을 느끼게 합니다. 일본 남성의 경우, 보통 일을 통해 깊은 인간관계를 만들기에 정년퇴직이 커다란 상실감을 안겨 주어 마음에 타격을 받기 쉽습니다. 실제로 정신과 의사들 사이에는 정년퇴직 이후에 우울증에 걸리는 사람이 많다는 사실이 잘 알려져 있습니다.

정년퇴직한 후에는 인간관계에 아낌없이 돈을 써야 합니

다. 친절하고 상냥한 태도를 마음에 새기며 영 시니어 파워를 발휘하세요. 사람과 만나 대화를 나누면 전두엽이 자극됩니다. 대화를 나누다 보면 새로운 지식과 정보를 얻기도 하고, 모임에서 이야기를 꺼내려 화젯거리를 찾거나 기억을 끄집어내기도 하고, 상대의 마음과 생각을 헤아리는 등 다양한 경험을 통해 전두엽이 활발하게 작동합니다. 그리고 사람들과 음식을 함께 먹으면 감정이 고무되고 기분도 젊어집니다. 인간관계에 투자하는 건 뇌를 젊게 만드는 데 필수입니다. 주변 사람들이 여러분을 매일 신사적으로 놀러 다니는 한량 같은 노인으로 오해할 정도로 사람들을 만나 보세요.

만일 아직 정년퇴직을 하지 않았다면 의식적으로 직장 밖에서도 인간관계를 만드는 게 좋습니다. 정년 이후에 시작하고 싶은 취미를 찾아서 동호회에 가입하거나, 지역 주민자치회에 들어가 직책을 맡거나 문화 센터에 등록하면서 새로운 인간관계를 구축하세요. 회사 밖의 관계를 만들어 두면 정년 이후의 상실감을 피할 수 있습니다.

'자제하지 않는 생활'을
마음에 새기자

고령자에게 자제하지 말자고 말 할 때, 젊고 건강한 사람은 '연애도?'라고 생각할지도 모르겠네요. 사실은 나이를 먹을수록 연애할 때 생기는 '회춘의 힘'이 중요합니다. 상상하기만 해도 솟아오르는 설렘을 굳이 억누르지 마세요. 연애로 얻을 수 있는 설렘과 두근거림은 전두엽에 강한 자극을 주기에 의학적으로 좋습니다. 물론 사랑이 맹목적으로 폭주하여 가정을 파괴할 정도라면 곤란하지만, 감정이 끓어오르고 결과에 변수가 많다는 점에서 볼 때 연애는 전두엽을 자극하는 데 최고입니다. 플라토닉 러브도 효과가 있으니 바람을 피워서는 안 되겠죠. 남녀가 한데 어울려 역사 탐방을 다니거나 와인 모임을 열거나 하면서 이성에게 설렐 기회를 가지는 게 좋습니다.

반대로 낡은 도덕으로 자신을 속박하고 그저 이성과 만나서 이야기를 나눌 뿐인데도 죄책감을 느끼면서 연애 감정을 과도하게 억제하는 것은 노화의 지름길입니다. 그러니 적어도 마음은 좀 더 자유롭게 가져도 괜찮습니다. 다만 영 시니어라면 어디까지나 신사적으로 행동해야 합니다.

어제가 오늘 같고 오늘이 내일 같은, 반복되는 일상 속에서 나이가 들며 전두엽의 기능이 쇠퇴하면 매일이 더더욱 지루해져서 전두엽을 자극할 만한 일도 차츰 줄어듭니다. 이 악순환에 브레이크를 걸기 위해서는 일부러 더 강한 자극을 찾아다녀야 합니다. 전두엽은 일반적으로 강렬하게 기분 좋은 경험을 했을 때 활성화되기 쉽습니다. 이러한 전두엽의 성질을 파악해 두는 것은 매우 중요합니다. 반면 과도한 절제를 강요당하는 금욕적인 생활을 한다면 판에 박힌 습관과 사고방식이 몸에 배어 자유로운 발상을 하기 힘듭니다.

해외에서는 일본인을 인내심이 강하고 성실하며 꼼꼼하다고 평가하곤 합니다. 그런데 이런 말에는 위험 요소가 숨어 있습니다. 전두엽을 활기차게 유지하기 어렵다는 것입니다. 인내심이 강하고 성실하며 꼼꼼하다는 특징은 똑같은 루틴을 반복하는 생활과는 잘 맞습니다. 하지만 매일 똑같은 일정, 똑같은 구성원, 똑같은 행동, 다람쥐 쳇바퀴 돌듯 똑같은 나날을 되풀이하면 전두엽은 활동을 게을리합니다. 학교를 나와 사회인이 되면 처음에는 하루하루가 신선한 놀라움으로 가득 차 있지만, 점점 일이 익숙해지며 일상에 싫증이 나기 시작하고 그러다 보면 전두엽이 활발하게 작동하기 어려운 환경이 됩니다. 정년퇴직한 후에는 그보다 몇 배는 더 자극 없는 나날을 보내기 일쑤입니다. 가뜩이나 전두엽은 나이를 먹으면 자연스레 퇴화하는 기관입니다. 60대가 되면 의식적으로 자제하지 않으려 노력해야 합니다. 주위로부터 빈축을 사더라도 그것은 건강하게 오래 살기 위해 얼마든지 들일 수 있는 필요 경비쯤으로 생각하세요.

칭찬에 돈 드는 거 아니니
아끼지 말자

앞서 말했듯이 나이가 몇 살이든 이성의 시선을 의식하는 일은 매우 중요합니다. 예전에 비하면 요즘은 50~60대에도 여전히 연애할 수 있다고, 온 세상이 그 가능성을 선선히 인정하는 분위기입니다. 상당히 바람직한 현상이라고 생각합니다. 이성의 시선을 의식하면 자연히 외모를 꾸미려고 할 테고, 이는 당연히 감정 노화 예방과 직결됩니다. 또 예쁘다, 젊어 보인다고 칭찬받거나 식사와 술자리를 함께하며 기분 좋은 경험을 하면 NK$^{natural\ killer}$ 세포, 즉 면역세포가 활성화됩니다. 따라서 서로가 이성이라는 것을 의식하는 것은 전두엽 기능과 면역 기능을 유지하는 데 긍정적으로 작용합니다. 고령자가 젊음을 유지하려면 마음을 설레게 하는 경험이 중요합니다. 물론 정도가 지나쳐 얼굴 붉힐 만한 일을 만들어 피로의 원인이 된다면 곤란하겠지만, 그런 경우가 아니라면 남녀 간 만남의 기회가 늘어나기만 해도 예외 없이 젊어지고 건강해집니다.

회춘의 키포인트는 사람입니다. 사람은 스트레스의 근원이 되기도, 해결책이 되기도 합니다. 그 사람이 이성이라면 더욱 효과적입니다. 누군가와 만나 즐겁게 대화했을 때 스트레스가 없어지는 이유 중 하나는 뇌 안에서 기분을 밝게 하는 신경전달물질인 도파민이 분비되기 때문입니다. 약간 머리를 쓰면 이야기를 나눌 때 도파민 분비량을 늘릴 수 있습니다. 상대를 칭찬하는 것이 바로 그 방법입니다. 칭찬받으면 인정받고 싶은 욕구가 충족되기에 칭찬받은 상대는 그것이 겉치레라는 것을 알면서도 기분이 좋아집니다. 그리고 사회심리학에서 말하는 '호의의 보답성'이 작용합니다. 나를 좋아해 주는 사람에게 나도 호감을 느끼며, 나를 칭찬하면 답례로 상대를 칭찬하게 되는 것이죠. 이런 원리로 나도 칭찬을 받게 되면 기쁜 마음이 들고 도파민 분비량이 늘게 됩니다. 상대를 칭찬했을 뿐인데 두 사람 다

도파민 분비량이 늘어나는 것이죠.

남을 칭찬하려면 우선 상대의 장점을 찾아내야 합니다. 관찰력을 발휘하거나 상대가 하는 말을 귀 기울여 들으며, 무엇을 어떻게 칭찬하는 게 효과적일지 머리를 굴려야 합니다. 또 최적의 단어를 골라서 말하려면 두뇌를 총동원해야겠죠. 이러한 과정들 모두 수준 높은 사고 작업이기에 두뇌 단련에 도움이 됩니다. 인간관계 속에서 머리를 쥐어짜며 칭찬할 말을 찾는 것은 이상적인 두뇌 훈련인 셈이죠.

하지만 인간관계도, 상대를 칭찬하는 것도 억지로 할 필요는 없습니다. 싫은 사람과 마지못해 어울리며 말만 번지르르하게 해 봤자 상대에게도 그 생각이 고스란히 전해지니까요. 그러니 나이를 먹으면 매사 참지 않는 것이 좋습니다.

술, 담배, 도박,
적당히는 즐겨도 된다

일본인 중에는 알코올 분해 효소가 없는 사람이 많고, 대부분 간과 위장이 약한 편이라 서구 국가들처럼 뇌 손상을 입을 정도의 중증 알코올의존증을 앓는 사람이 많지는 않습니다. 물론 그렇게 알코올의존증에 걸릴 정도로 술을 마시자는 말은 아닙니다. 다만 건강에 나쁜 영향을 주지 않는 선에서 마시는 술은 인생의 즐거움이기도 하니 억지로 힘들게 참으면서까지 금주할 필요는 없다는 말입니다. 노화 예방의 대가로 알려진 프랑스의 클로드 쇼샤르 박사에 의하면 와인 반병, 그러니까 375ml까지는 괜찮다고 합니다. 사케는 두 홉, 맥주는 큰 병으로 한 병 정도입니다. 일본인이 술에 좀 약하다는 사실을 고려하더라도 그 절반 정도 양이라면 특별히 나쁜 영향을 주지 않습니다.

담배는 어떨까요? 저는 60대 이하에게는 한 치의 망설임도 없이 금연을 권합니다. 흡연을 하면 세포가 노화될 뿐 아니라 암에 걸릴 확률도 높아집니다. 또 동맥경화가 진행되고 심근경색과 뇌경색의 위험이 높아지거나 폐 세포 조직이 파괴되어 폐 공기증에 걸리는 등 생활의 질이 크게 떨어지니까요.

하지만 70세를 넘겼다면 무리해서 끊을 필요는 없다고 생각합니다. 흡연자와 비흡연자의 생존 곡선 데이터를 보면 65세 이상부터는 별반 차이가 없기 때문입니다. 흡연으로 암과 심근경색에 걸리는 사람은 훨씬 일찍 증상이 나타나서 사망한다고 추측할 수 있겠죠. 물론 간접흡연 문제를 충분히 고려해야겠지만 어쨌든 70대 이상이라면 무조건 금연을 해야 하는 건 아닙니다. 저는 건강상의 큰 불이익이 없다면 인생을 즐기자는 관점에서 봤을 때 굳이 참을 필요는 없다고 주장합니다.

나이를 먹으면 먹을수록 감정 노화를 예방하기 위해 강한 자극이 필요해집니다. 전두엽이 노화하면 약한 자극으로는 반응하기 어렵고 또 나이만큼 인생 경험이 쌓이다 보니 어지간한 건 마음에 와닿지 않으니까요. 차곡차곡 쌓아온 경험 탓에 영화든 드라마든 앞일을 예측할 수 있는 일이 많아집니다. 그렇게 되면 자극이 없어질 뿐 아니라, 흥미나 관심도 옅어집니다.

예상하기 어려울 정도로 강력한 자극을 주는 것이라면 가령 내기나 도박을 들 수 있습니다. 현재 일본에는 경마, 경정, 경륜, 자동차나 오토바이 경주까지 네 종류의 공영 도박이 있습니다. 그 밖에 파친코와 복권도 도박적인 요소가 있겠네요. 2016년, 외국인 관광객을 유치하기 위해 카지노를 중심으로 숙박 시설과 회의장, 테마파크 등을 설립하려는 IR 추진법[특정복합관광시설구역 정비 추진에 관한 법률-옮긴이]이 시행되었습니다. 현재는 신종 코로나바이러스의 영향으로 사업이 중단되었습니다. 제 생각에는 이런 카지노 이용 연령을 65세 이상으로 제한하면 좋겠습니다. 젊을 때부터 도박에 빠지는 건 문제지만, 나이를 먹고 나서 즐기는 가벼운 도박은 뇌에 좋으니까요.

인생을 오래 살아온 포상으로서 적당히 즐길 수만 있다면 굳이 도박을 금지할 필요는 없습니다. 다만 전두엽이 노화되면 도박에 중독되기도 쉬워지니 그러지 않을 수 있도록 장치를 마련하는 일이 필요하겠죠. 자제하지 않는 게 좋다고는 해도 남에게 폐를 끼치지 않는 것이 전제 조건입니다. 알코올의존증에 걸려 주정을 부리거나 간접흡연으로 주변 사람을 괴롭게 하는 것, 도박중독으로 가정을 불행의 구렁텅이로 떨어뜨리는 일은 결코 허용될 수 없습니다. 영 시니어로서 자제하지 않는 노후를 보내되, 신사적으로 절도를 지켜야 합니다.

5장

영 씨니어가 치매에 걸려도
행복한 이유

늙으면 비로소 생기는 힘,
시니어 파워

아카세가와 겐페이 씨의 《시니어 파워》[원제는 《노인력》이
다-옮긴이]가 베스트셀러에 오른 지 벌써 20년 이상 지났
습니다. 부정적인 이미지가 가득했던 늙음을 단숨에 긍정
적인 이미지로 반전시킨 내용을 담아 대반향을 일으켰습
니다. 이를테면 "힘을 빼려면 빼는 힘이 필요한 법인데, 노
인이 되면 자연스레 시니어 파워가 생겨서 힘이 빠진다",
"힘을 빼는 것은 힘을 기르는 것보다 어렵다", "기억하려고
하면 쉬이 잊어버리지만, 잊으려고 하면 쉬이 잊지 못한다"
같은 귀가 번쩍 뜨이는 명언이 이어집니다. 농담처럼 말하

지만 진리가 숨어 있는 훌륭한 책입니다. 시니어 파워는 유행어가 되었죠.

아카세가와 씨가 책에서 쓴 시니어 파워란 건망증, 같은 말을 몇 번이고 되풀이하는 것, 한숨, 노망을 부리는 것 등 보통은 기피되어 온 현상에 내재해 있는 힘을 말합니다. 고령이 되면 무언가를 금세 잊어버리는 능력과 대수롭지 않은 일에는 신경을 쓰지 않는 능력, 즉 시니어 파워가 착실하게 붙습니다. 고령화가 한층 더 심화된 요즘에는 시니어 파워가 점점 더 중요해지고 있습니다. 지금 아카세가와 씨의 책을 다시 읽어도 여전히 공감되는 대목이 곳곳에 있습니다. 거기에는 인지 기능이 저하되고 신체 기능이 쇠약해지는 것을 어떻게 마주할지 고심하는 내용이 담겨 있으며 그것이 우리가 말해 온 영 시니어 파워의 핵심입니다. 이 장에서는 제가 오랜 기간 고령자를 진찰해 온 경험을 《시니어 파워》의 표현에 덧대어 소개하겠습니다.

여러분은 절대로 치매에 걸리고 싶지 않다든가, 치매에 걸리면 끝이라고 생각하시나요? 실제로 그렇게 말하는 분이 많습니다. 그러나 치매를 두려워하거나 멸시해 봤자 의미가 없습니다. 저는 치매를 장수한 사람에게 주어진, 행복한 말년을 찾아주는 뇌의 새로운 기능으로 받아들이는 편이 낮다고 생각합니다. 치매에 걸리고 싶지 않아도 장수하는 이상 치매는 피할 수 없습니다. 치매 증상이 없더라도 85세를 넘기면 뇌에 알츠하이머형 치매 변성이 나타나지 않는 사람은 없으니까요. 인간은 언젠가 반드시 치매에 걸린다고 각오해 둘 필요가 있습니다.

치매, 완전히 새로운
관점으로 보자

아카세가와 씨의 《시니어 파워》가 출간되었던 시대는 그렇다 치고 요즘은 망령이 들었다거나, 노망이 났다는 말은 왠지 치매를 모멸적으로 표현하는 느낌이라 꺼리는 것이 일반적입니다. 하지만 저는 그게 뇌의 노화에 따른 자연스러운 상태를 나타내고 있으며 부정적인 말이라고 생각하지 않습니다. 나이를 먹으면 누구나 노망이 납니다. 레이건 전 미국 대통령은 퇴임하고 5년이 지난 후에 알츠하이머형 치매에 걸렸다고 밝혔습니다. 더는 소통이 안 되는 단계에 이르러서야 공표했지만, 이 질환의 진행 과정을 생각하면 재임 중에 이미 치매 증상이 있었으리라 추측할 수 있습니다. 알츠하이머형 치매의 증상은 기억 장애, 자신이 있는 장소나 시간을 알지 못하는 지남력 장애가 특징입니다. 증상이 가벼우면 높은 수준의 공무도 수행할 수 있습니다. 일정 수준 이상으로 심해지기 전까지는 평소처럼 할 수 있는 일이 많다는 사실을 꼭 알아 두기 바랍니다.

치매에 걸리는 것을 피할 수 없다면 치매에 대한 좋은 이미지를 키우는 것이 훨씬 긍정적이겠죠. 끙끙 속 끓이며 외면하고 산다고 해서 좋은 일이 생기지는 않습니다. 과거의 나쁜 기억에서 해방되어 시답잖은 일은 신경 쓰지 않고 즐거운 추억에 젖은 채로 살 수 있다면 그것은 그것대로 행복한 시간이 아닐까요? 치매에 걸려서 그런 느긋한 시간을 가질 수 있다면 치매는 분주했던 인생의 마지막에 마련된 안식의 시간이라고 할 수도 있겠죠. 기억하지 못하는 것이 아니라, 잊을 수 있는 능력이 생겼다고 생각하면 피식 웃으면서 받아들일 수 있지 않을까요.

결국 치매는
모두에게 찾아온다

알츠하이머형 치매부터 혈관성 치매, 루이소체 치매, 전두측두엽 치매까지 네 종류가 대표적인 4대 치매로 알려져 있습니다. 일본 국립장수의료연구센터의 데이터에 따르면 치매의 67.6%가 알츠하이머형 치매입니다. 알츠하이머형 치매는 뇌 안에 아밀로이드 베타 같은 불필요한 단백질이 쌓여서 신경 세포가 변성하고 사멸하는 과정에서 생깁니다. 그리고 뇌경색과 뇌졸중, 지주막하출혈 등 뇌 질환이 원인인 혈관성 치매가 19.5%, 현실에 없는 것이 보이는 환시 증상이 특징인 루이소체 치매는 4.3%입니다. 전두엽과 측두엽이 위축되어 생기는 전두측두엽 치매는 1% 정도로 적습니다. 액션 영화 〈다이 하드〉 시리즈의 주인공으로 유명한 브루스 윌리스가 전두측두엽 치매를 진단받았다고 알려져 있습니다. 전두측두엽 치매는 건망증보다 성격 변화나 이상 행동이 특징입니다. 입맛이 바뀌거나 도둑질, 성희롱 같은 범죄를 일으키는 사례가 있습니다. 4대 치매 외에도 증상이 나타나는 평균 연령이 51세 전후라는 조기 치매, 알코올 과다 섭취가 원인인 알코올성 치매 등이 있습니다. 그러나 나이가 들면 들수록 발병률이 유의미하게 높아지는 것은 역시 알츠하이머형 치매입니다.

예전에 잡지 〈크루아상〉이 치매 특집을 꾸몄을 때 "세상에는 지금 치매를 앓는 사람과 치매를 앓을 사람 두 종류만 있다"라는 문구를 실은 적이 있습니다. 몹시 공감되어 절로 고개를 끄덕였습니다. 치매는 나이에 비례하여 급격하게 유병률이 높아진다고 알려져 있습니다. 후생노동성의 보고서에 의하면 80대 후반은 남성의 35%, 여성의 44%, 95세 이상은 남성의 51%, 여성의 84%가 치매 증상을 가지고 있다고 합니다. 일본인의 평균 수명은 남성이 약 81세, 여성이 약 88세이지만 현재 65세 이상의 기대 여명은 남성이 약 20년, 여성이 약 25년입니다. 다시 말해 대부분이 '치매 존'의 나이대까지 살게 됩니다. 우리는 그런 장수 시대를 살아가기 때문에 지금까지와는 다른 새로운 인생관과 치매에 대한 관점이 필요합니다.

돌봄 받는 건
폐를 끼치는 게 아니다

고령자 전문 병원에 근무했을 때, 80대 중반의 남성으로부터 치매는 먼저 걸리는 사람이 이기는 것이라는 말을 들은 적이 있습니다. 이분은 동갑내기 아내가 치매였습니다. 초기 단계에 치매를 발견하여 치료를 시작했기 때문에 증상의 진행이 완만해서 식사 준비나 청소, 빨래 같은 집안일도 남편이 옆에서 거들어 주면 웬만큼 할 수 있었습니다. 하지만 쇼핑을 한다든가 하느라 혼자서 외출하면 집을 찾지 못해서 어디를 가든 함께해야 했습니다.

남편이 정년이 되어 퇴직하게 되었을 때 "내가 치매 걸리면 잘 부탁해"라고 아내에게 장난 비슷하게 가벼운 농담을 건넸다고 하는데 정작 먼저 치매 증상이 나타난 것은 그런 짓궂은 농담에 걱정하지 말라고 답하던, 쾌활하고 활동적이던 아내였습니다.

"차를 마시면서 아내와 옛날이야기를 하면 끊임없이 옛날 추억들을 얘기해서 도저히 치매에 걸린 사람이라고 생각할 수가 없어요. 신나게 말하는 모습은 오히려 부러울 정도입니다."

남편은 사실 자신이 먼저 치매에 걸려서 지금 아내가 그러듯 느긋하게 도란도란 옛날이야기를 하면서 여생을 보낼 생각이었다고 말하며, 선수를 빼앗긴 기분이 들었다고 합니다. "아무리 생각해 봐도 치매는 먼저 걸린 사람이 승자예요"라던 남편의 말이 지금도 인상 깊은 기억으로 남아 있습니다.

치매를 우리 인생의 마지막에 준비된 선물이라고 여기게 되더라도 여전히 짐이 되고 싶지 않다고 생각하는 사람들도 있을 것입니다. 하지만 이런 답답한 윤리 의식은 평균 수명이 지금보다 훨씬 짧던 시절의 것이며, 효율을 최우선으로 두던 생산성 신화 시대의 잔재라고 생각하세요. 단명하던 시절의 윤리관에 얽매이지 맙시다. 지금까지 오랜 세월 동안 충분히 열심히 살아왔으니 늙어서는 조금 짐이 돼도 괜찮다, 제멋대로 살아도 좋다고 생각하면 훨씬 마음 편히 살 수 있을 겁니다.

몸도 마음도 나이가 들면
힘이 빠진다

아카세가와 씨의 《시니어 파워》에는 "어찌 되었든 사람들은 '무언가를 기억하고 싶다', '체력을 기르고 싶다', '두 발로 꼿꼿하게 걷고 싶다', '침을 흘리고 싶지 않다', '시력은 또렷하고 이야기는 간결하게 한 번에 하고 싶다' 같은 것을 모토로 하는, 이른바 플러스 사고를 하려 하지만 사실 플러스가 전부 플러스로 작용하는 것은 아니다"라는 구절이 있습니다. 여기서 말하는 '플러스 사고'란 좋은 방향으로 생각하는 것이 아니라, 다양한 능력을 더하는 것, 즉 능력을 끌어올리는 것입니다. 알다시피 성장을 전제로 하는 사회에서는 열심히 지성과 체력을 갈고 닦는 것을 매우 중요하게 여겼습니다.

하지만 아카세가와 씨는 그러한 상황에서도 시니어 파워가 필요하다며 프로 야구를 예시로 '힘 빼기'의 중요성을 역설합니다. 프로 야구 선수는 모두 일반인보다 압도적으로 뛰어난 체력과 기술을 겸비하고 있습니다. 그런데 정작 감독은 선수에게 힘을 빼라고 소리치곤 하죠. 하지만 그게 말처럼 쉽지 않고 결국 힘이 너무 들어가 범타가 되는 일이 종종 있기도 합니다, 이처럼 힘은 훈련으로 기를 수 있지만 힘을 빼는 것은 어렵습니다. 하지만 아카세가와 씨는 노인이 되면 시니어 파워가 생겨서 저절로 힘이 빠진다고 설명합니다. 즉 '힘 빼'라는 말은 '시니어 파워를 발휘해'라는 말과 같은 뜻이라는 겁니다.

여러분도 몸을 움직일 때뿐만 아니라, 생각할 때도 힘을 빼는 것이 중요하다는 이야기를 자주 듣거나 느낀 적이 있지 않나요? 현역 시절, 프레젠테이션과 회의에서 수없이 경험했을 것입니다. 자신의 의견을 관철하려고 지나치게 용을 쓰며 주장하면 오히려 반감을 사서 다 된 밥에 재를 뿌리기도 한다는 걸요. 나이를 먹으니 몸과 마음에서 불필요한 힘이 빠지기 시작한다고 긍정적으로 받아들이면 기분이 나아지겠죠. 비즈니스 상황에서는 논리적으로 의견을 피력해야 하므로 플러스 사고를 익히려고 노력했을지도 모릅니다. 그러나 어떤 순간에는 노력이 해가 되고, 생각이 한쪽으로 극단적으로 치닫는 원인이 되기도 합니다.

나한테 좋으면
그만이라고 생각하자

아직 현역인 사람들이 빠지기 쉬운 부적응 사고 혹은 인지 왜곡이 있습니다. '이분법적 사고'와 '완벽주의 사고'입니다. 이분법적 사고란 우리 편이 아니면 적, 정의가 아니면 악으로 보는 것으로, 모든 일에 중간을 인정하지 않고 흑과 백으로만 나누려는 사고 패턴을 말합니다. 여기에 100점이 아니면 0점이나 다름없다고 생각하고 타협을 용납하지 않는 완벽주의 사고가 합쳐지면 우울증에 걸리기 쉽다고 합니다.

아카세가와 씨는 이런 식으로도 썼습니다.

"아직 시니어 파워가 없는 젊은 시절에는 역시 논리에 따르는 일이 많다. 논리를 앞세우고 그렇게 하지 않으면 야단맞을까, 바보 취급을 당하지 않을까 생각한다. 하지만 시니어 파워가 생기면 그만하면 됐다고 생각하는 것이 기본적인 태도가 되어서 논리적으로 야단맞아 봤자 딱히 상관없다고 생각하며 예술보다는 취미, 사상보다는 취향, 평등보다는 편파 노선으로 갈 수 있게 된다."

아울러 논리적인 옳음보다 자기 감각이 제일 중요하다고 결론짓습니다. 고령자는 이 결론을 따라 자기중심적으로 행동하는 것이 중요합니다. 거듭 되풀이했듯이 그것이 심신을 건강하고 생기 넘치게 하는 비결입니다.

치매에 걸려도
할 수 있는 일이 많다

아무리 그래도 치매에 걸린 것을 두고 시니어 파워가 생겼
다고 웃으면서 받아들일 순 없다고 반발하는 사람이 있을
지도 모르겠습니다. 그 기분은 이해합니다. 저도 치매에 걸
린다면 어떻게 살아가야 할지 생각해 보곤 합니다. 다만 지
금까지 말한 대로 치매는 뇌의 노화에 따른 자연스러운 현
상이기에 저 또한 치매에 걸리는 건 어쩔 수 없는 일이라고
생각합니다.

한편 치매에 걸리면 그때까지 잘해 오던 일을 아무것도
못 하게 된다고 생각하는 분이 많을 것입니다. 이것은 치

매에 대해 흔히 하는 오해입니다. 분명히 치매 증상이 점점 진행될수록 잘하던 일에 서툴러지는 측면이 있지만 아무것도 못 하게 되는 건 아닙니다. 못 하게 된다는 말도 치매에 걸리기 전과 똑같이 할 수는 없다는 말이지 아예 아무것도 할 수 없다는 말이 아닙니다. 누군가가 옆에서 조금 거들어 주거나 살펴봐 주면 여전히 할 수 있는 일이 많이 있습니다.

2021년에 92세로 사망한 하세가와 가즈오 씨는 오랫동안 치매 치료에 힘써 온 정신과 의사입니다. 1974년에 치매 진단 기준인 '하세가와식 간이 지능평가척도'를 만든 것으로 유명합니다. 2017년, 하세가와 씨는 자신이 치매에 걸렸다는 사실을 공표했습니다. 당시 인터뷰에서 이런 말을 꺼냈습니다.

"이 세상에 사는 동안 사회와 사람들에게 도움이 될 수 있는 일을 이어 나가고 싶어요. 많은 사람의 지지와 유대에 감사하면서 말이죠."

하세가와 씨는 치매 치료에 힘써 온 경험을 살려 치매에 대한 이해의 폭을 넓히는 강연을 평생 계속했습니다. 하세가와 씨뿐 아니라 의사나 변호사, 정치가, 배우 같은 정년이 없는 직업을 가진 사람 중에는 시간이 지나고 나서 사실 오래전부터 치매를 앓고 있다고 고백하는 사람이 적잖이 있습니다.

오랫동안 함양해 온 지식과 기술은 치매에 걸려도 쉽사리 사라지지 않습니다. 오래 계속해 온 일은 충분히 더 할 수 있습니다. 저 또한 치매에 걸려도 할 수 있는 일은 이어 나가고 싶습니다. 제가 치매에 걸리면 환자의 마음을 지금보다 한층 더 깊이 이해할 수 있을 것입니다. 실제로 병에 걸리고 나서 환자의 마음을 이해할 수 있게 되었다고 고백하는 의사가 많습니다. 저는 치매에 걸리더라도 의사로서 할 수 있는 일이 있을 것이라고 생각합니다. 아마 하세가와 씨도 같은 마음이었으리라 헤아려 봅니다. 저는 의사로서 할 수 있는 일도 해 나가고 싶고 집필과 영화 제작 등 창작 활동도 계속하고 싶습니다. 어쨌든 할 수 있는 일을 하면서 스스로 나아가고 심화하는 영 시니어이고 싶습니다.

편견을 버리면
잔존 능력이 보인다

치매에 쓸데없는 두려움을 품거나 멸시하는 일은 백해무익합니다. 부정적인 이미지를 가지고 있으면 자신이 치매에 걸렸을 때 할 수 없는 일만 떠올리기 쉬우니까요. 스스로 해 오던 일이나 간단한 집안일, 심지어 혼자 외출하는 것도 어렵다고 쉽게 체념해 버리고 맙니다. 그렇게 비관적으로 생각하면 아직 할 수 있는 일이 있는데도 우울감에 휩싸여 집에만 틀어박히게 될지도 모릅니다. 이래서는 '잔존 능력'을 활용하지 못해 뇌의 노화가 더욱 빠르게 진행됩니다. 누차 말했듯이 뇌든 근육이든, 몸은 사용하지 않으면 급속도로 쇠약해집니다. 그러니 치매에 걸렸다고 해도 잔존 능력을 활용하는 게 좋습니다.

뇌 변성으로 일어나는 알츠하이머형 치매의 경우, 그 변성이 어느 부위에서 얼마나 심하게 나타나는지에 따라 증상이 나타나는 양상이 달라집니다. 일반적으로는 지각, 기억, 사고 등을 담당하는 대뇌 신피질과 기억에 관여하는 해마가 위축되는 것이 특징이기에 기억력이 쇠퇴하는 증상부터 나타나는 일이 많습니다. 그런데 이걸 거꾸로 생각하면 별로 위축되지 않은 부위가 존재한다는 뜻입니다. 이게 잔존 능력이 유지되는 메커니즘입니다. 치매에 걸리기 전과 똑같은 수준으로 할 수 없는 것뿐이지 아예 아무것도 못 하게 되는 것이 아닌 이유죠. 즉 치매에 걸려도 여전히 남아 있는 뇌 기능이 있고, 사람들이 흔히 상상하는 것 이상으로 여러 가지 능력이 남아 있습니다.

또 치매 진행은 초기에 적절한 치료를 받으면 어느 정도 늦출 수 있습니다. 치매라고 진단받아도 할 수 있는 일은 아직 있습니다. 몸과 마음을 다해 길러 온 능력은 썩어 없어지지 않으니까요. 그런데 이제 끝이라고, 아무것도 할 수 없다고 부정적으로만 생각해 집에서 두문불출하면 잔존 능력을 발휘할 기회가 사라져 치매가 더 빠르게 진행되어 버립니다. 실제로 치매에 걸려도 건강하고 유쾌하게 살아가는 사람은 잔존 능력을 충분히 살리고 있는 사람들입니다. 채소 가꾸는 일이 특기인 할아버지, 할머니들은 치매에 걸려도 활기차게 밭일을 합니다. 이처럼 몸이 기억하고 있는 일은 큰 불편함 없이 할 수 있습니다. 자식과 손주, 이웃 사람에게 작물을 나눠 주는 기쁨을 맛보면 의욕이 생기고 더 건강해지겠죠. 치매에 걸렸음에도 심신 모두 건강한 영 시니어의 이상적인 모습입니다.

정원을 가꾸든 사진을 찍든 시를 짓든 간에 몰두해 온 취미가 있는 사람은 치매에 걸렸다고 좋아하는 일을 그만두지 않습니다. 주변 사람들과 이야기를 주고받으며 유쾌하게 지낼 수 있고, 새로운 친구를 사귀는 모습도 흔히 봅니다. 취미가 아닌, 직업을 통해 몸에 익힌 능력도 마찬가지입니다. 이를테면 영업을 천직으로 여기며 오래 일해 온 사람이라면 능숙한 소통 능력을 발휘할 기회를 놓치지 않는 것이 중요하겠죠. 잔존 능력은 사람과의 관계 속에서 강하게 발휘되고, 능력을 발휘해 기쁨을 맛보면 뇌가 자극되어 힘이 나는 선순환이 일어납니다.

치매 진행이 빠른 사람과
느린 사람의 차이

하이쿠 시인인 가네코 도우타 씨는 98세의 나이로 죽기 직전까지 주요 신문에 투고된 하이쿠 심사를 맡고 하이쿠 잡지에 기고를 하기도 했습니다. 물론 하이쿠도 왕성하게 지으면서 젊은 동인들과 의견을 주고받았다고 합니다. 언젠가 가네코 씨가 치매였다고 전하는 기사를 읽은 적이 있습니다. 하이쿠 시인으로서 왕성히 활동한 것을 보면 오진이 아니냐고 생각할지도 모릅니다.

이처럼 치매에 걸리더라도 중기 정도까지는 오랜 세월에 걸쳐 갈고닦아 온 능력과 원래 겸비하고 있는 능력을 거의 잃지 않고 유지할 수 있습니다. 가네코 씨도 잔존 능력을 충분히 발휘하며 활약한 것이죠. 여러분이 나는 가네코 씨 같은 슈퍼 노인이 될 수 없다고 생각할지도 모르겠지만 그렇지 않습니다. 제가 진찰실에서 오랫동안 쭉 고령자를 접해 온 바로는 슈퍼 노인 같은 수준으로 능력을 발휘할 순 없지만 그 수준에 가까워지는 일은 충분히 가능하다는 생각이 듭니다.

중요한 것은 뇌를 계속 사용하는 것입니다. 뇌를 사용한다고 하면 보통은 계산 연습과 낱말 퍼즐을 떠올릴 것입니다. 물론 그것을 즐길 수 있다면 더 좋겠죠. 하지만 뇌 훈련을 목적으로 하며 의무감으로 열심히 노력하는 것은 권하지 않습니다. 뇌가 좋아하는 머리 사용법은 사람과 만나는 것입니다. 친한 사람, 좋아하는 사람, 마음이 맞는 사람, 같은 취미를 가진 사람과 만나는 것은 즐거운 일이니까요. 상대방의 생각을 이해하려고 하거나 마음을 헤아리면서 자기 생각을 말로 표현하는 것만으로 뇌를 충분히 사용할 수 있습니다. 친밀함을 형성하는 힘은 의사소통하는 동물인 인간이 가진 근원적인 능력입니다. 그리고 웃거나 즐거움을 느끼면 감정이 크게 자극됩니다. 이런 것들은 자연스레 뇌에서 노화가 가장 빨리 시작되는 전두엽을 자극합니다.

말하자면 뇌가 활발하게 작동하는 것입니다.

반대로 말하면 사람을 만나지 않고 외출도 하지 않는 생활 태도는 치매 진행을 가속합니다. 남에게 민폐니까 밖에 나가지 않겠다는 생각으로 집에 틀어박혀 있으면 치매가 더 빠르게 진행되어 오히려 더 큰 민폐를 끼치게 될지도 모릅니다. 어차피 낫지 않는 병이고 이젠 다 끝이라고 비관적으로 생각하며 아직 할 수 있는 일까지 포기해 버려도 치매는 빠르게 진행됩니다. 뇌 기능이 비슷하게 퇴화했다고 해도 할 수 있는 일을 포기하지 않고 애쓰는 사람과 하고 싶은 일이 있으면 누군가에게 부탁해서라도 도전하는 사람은 그냥 지레짐작으로 포기해 버리는 사람에 비해 치매가 훨씬 느리게 진행됩니다. 그래서 혼자 생활하는 고령자는 가족과 동거하는 고령자보다 스스로 해야 하는 일이 많아서 치매 진행 속도가 느려집니다. 이런 점에서 보더라도 잔존 능력을 충분히 활용하는 것이 좋다고 할 수 있겠네요.

아이와 노인에게만
허락되는 특권

아카세가와 씨는 '잠드는 것'과 '잊는 것'은 노력하지 않음으로 가능해진다고 말했습니다. 아카세가와 씨는 이 '노력하지 않는 힘'이 시니어 파워의 실체라고 합니다.

여러분은 현역으로 일하는 내내 노력해 왔을 것입니다. 고령이 되어 치매에 걸렸다면 이제는 여러분에게 '노력하지 않는 힘', '게으름 피우는 능력'이 생겼다고 생각을 바꿔 보면 어떨까요. 지금까지 여러분은 의무를 우선으로 두고 일, 집안일, 공부 모든 방면에서 힘껏 노력해 왔을 것입니다. 나이가 들어 몸이 점점 생각대로 움직이지 않고 건망증도 심해져서 뇌가 노화했다는 사실을 느낄 나이가 되면 이러한 의무에서 해방될 시기라고 생각해도 괜찮지 않을까요.

정년을 계기로 부부끼리도 서로 배우고 가르치는 관계, 의존하고 버팀목이 되어 주는 관계를 만드세요. 서로 역할이 나뉘어 마침내 자유로운 삶을 살 수 있습니다. 서로 응원하지만 속박하지 않는 관계야말로 이상적인 노부부의 모습일 것입니다.

취미든 뭐든 간에 지금까지 해 보지 않은 일에 도전해 보세요. 어린 시절에 좋아했던 것, 예컨대 그림을 그린다거나 모형을 만든다거나 흥미로운 분야의 공부를 다시 시작해 보는 것도 좋겠네요. 누군가가 권하는 일이 재미있어 보이면 경험이 없더라도 시도해 보세요. 아이들은 무슨 일이든 흥미를 갖고 일단 도전합니다. 다시 아이로 돌아간 기분을 느껴 보세요. 치매에 걸리면 어차피 아이처럼 되어 버립니다. 금방 잊어버리고 금방 의존하고 즐거운 일만 추구합니다. 아이라서 허용되는 것이지만 동시에 늙음의 특권이기도 합니다. 그러니 이제는 조금 고집을 부려도 괜찮습니다.

그 특권을 사용하지 않고 까탈스럽게 굴면 주변 사람은 괜히 신경을 쓰게 되고 본인도 딱히 즐겁지 않습니다. 스스로 즐거움을 찾을 수 있어서 가만히 둬도 괜찮은 고령자라면 주변 사람들도 안심하고 호의적으로 보살펴 줄 것입니다. 이처럼 '사랑받는 치매'는 주변 사람도 행복하게 하는 힘을 가집니다. 인생의 즐거움으로 나이를 잊어버릴 수 있다면 이상적인 노후라고 할 수 있겠죠.

치매에 걸려도
행복하게 살 수 있다

치매에 걸리면 얻게 되는 시니어 파워 '치매력'이라는 것이 분명히 있습니다. 치매는 어느 나이대가 되면 누구나 걸리는 상태일 뿐 불행한 병도 슬픈 병도 아닙니다. 게다가 뇌의 노화가 원인이므로 지금의 의학으로는 막을 길이 없습니다. 나이가 들면 누구나 지니게 되는 치매력은 오히려 아카세가와 씨가 말하는 시니어 파워 그 자체라고 말할 수 있겠습니다.

치매에 걸린 후에도 인생에서 다양한 가능성을 찾아낼 수 있습니다. 이를테면 행동이 거침없어집니다. 폐를 끼치면 안 된다거나 걱정을 끼치면 안 된다는 생각이 없어지니 조심성과 배려심이 이전보다 약해집니다. 하지만 생각해보세요. 우리는 모두 어린 시절부터 부모나 주변 사람들을 걱정시키고 귀찮게 하며 성장했습니다. 어른이 되어 사회에 나가서도 타인에게 수없이 폐를 끼쳤을 테고요. 이윽고 본인도 아이를 돌보거나 걱정하고 타인에게 휘둘리며 삽니다. 피장파장인 셈이지요. 그리고 노년기, 이제 다시 폐를 끼칠 나이가 된 것입니다. 치매에 걸리면 폐를 끼치는 것을 두려워하지 않게 됩니다. 어쩌면 인생 말년에 걱정과 마음고생에서 해방되기 위해 치매가 준비된 것이 아닐까요. 저는 치매력이 행복하게 사는 힘이라고 여깁니다.

기나긴 인생에는 하기 싫은 일과 부끄러운 일, 상처받는 일이 숱하게 많습니다. 여러분도 불쾌한 일을 수없이 겪으며 살아오지 않았나요? 치매에 걸리면 그런 불쾌한 일은 죄다 잊어버리고 사랑한 사람과 좋아했던 사람, 즐거웠던 일, 행복한 기억만이 남습니다. 치매력은 모두의 인생 마지막에 준비되어 있는, 인생을 오로지 행복으로만 새로 칠하는 힘이라고 말할 수 있습니다.

다만 치매에 걸렸을 때 준비된 사람과 그렇지 않은 사람은 치매력에도 차이가 있습니다. 그 차이는 무엇일까요?

'나는 치매에 안 걸릴 거야', '치매에 걸리면서까지 오래 살고 싶지 않아'라고 하며 치매를 거부하거나 업신여기는 마음이 있으면 치매력으로 행복해지기는 힘듭니다. 치매를 받아들일 마음을 갖추었을 때 비로소 치매력도 갖추어지는 것이죠.

어떤 종류의 치매에 걸렸든, 아직 할 수 있는 일이 있으며 그 일을 계속하려고 하는 고령자는 주변 사람을 행복하게 합니다. 기존의 가치관을 떨쳐 버리고 긍정적으로 치매를 받아들이며 즐겁게 사는 것이 영 시니어의 이상적인 모습입니다. 아카세가와 씨의 《시니어 파워》는 늙음에 덧씌워진 부정적인 이미지를 탈바꿈하고 사랑받는 고령자, 사랑받는 치매 환자가 되려면 노년기를 어떻게 받아들여야 하는지 말하고 있는 것입니다. 책에는 이런 구절이 있습니다. 참으로 심오합니다.

"시니어 파워란 미끄러진 김에 쉬어 가는 힘이랄까? 원래 노인이란 끊임없이 느릿느릿 굴러가는 상태를 말한다."

6장

사랑받는 영 씨니어는
말투부터 다르다

"뭐 어떻게든 되겠지"

정년퇴직 후에 노후를 보내는 사람들에게 특히 알려 주고 싶은 문구가 있습니다. '뭐 어떻게든 되겠지'라고 말해 보세요. 우에키 히토시 씨가 그런 노래를 부른 적이 있습니다. 1964년에 히트한 〈잠자코 날 따라와〉라는 노래의 무척 해맑고 밝은 후렴구죠.

노후에는 체력이 떨어지고 기억력도 나빠집니다. 여러 기능이 노쇠해져서 모든 일을 안 좋게 받아들이는 부정적 사고에 빠져들기 쉽습니다. 하지만 이 부정적 사고에 사로잡히면 행동이 둔해지고 전두엽의 기능이 약해지기 시작합니다. 그러면 의욕이 떨어지고 행동은 더욱 둔해질뿐더러 전두엽 기능도 한층 더 저하되는 악순환이 일어나는 거죠. 또 우울증에 걸릴지도 모릅니다.

나이를 먹을수록 긍정적으로 사고하려고 노력하세요. 긍정적 사고를 하면 뇌의 도파민 분비량이 많아집니다. 또한 즐겁고 행복하다고 느끼면 전두엽의 움직임이 활발해지고 사고력과 의욕도 높아집니다. 요컨대 머리가 팽팽 잘 돌아가게 되죠. 부정적 사고에 사로잡힐라치면 '뭐 어떻게든 되겠지'라는 말을 입 밖으로 내보세요. 행동을 바꾸면 마음도 바뀐다고 하는 행동 요법 원리를 응용해 봅시다.

일본에서 '경영의 신'으로 불리는 마쓰시타 고노스케 씨는 사원 채용 면접에서 당신은 스스로 운이 좋다고 생각하냐고 묻고 그 물음에 운이 좋다고 생각한다고 대답한 사람만 채용했다는 일화가 있습니다. 이는 마쓰시타 씨가 인생에서는 낙관주의가 중요하다고 확신했기 때문입니다. 저는 노후에도 낙관주의가 필요하다고 생각합니다.

"한번 해 볼까?"

저는 일주일에 두 번, 일 년에 백 번 정도 새로운 경험을 하려고 노력합니다. 아주 사소한 일이라고 해도 놓치지 않습니다. 가령 점심을 먹을 때 항상 가는 단골 식당이 아니라 처음 보는 식당에 가는 것도 새로운 경험으로 치는 거죠. 또 산책할 때 가 본 적 없는 골목길로 걸어가거나 새로 개업한 라멘 가게에 들어가거나 하면서 소소하더라도 새로운 경험을 하려고 의식적으로 애쓰고 있습니다. 물론 화제의 신간과 영화를 확인하는 것도 좋겠죠. 뇌는 낯선 것을 보거나 새로운 걸 맛보면 활발하게 움직이는 성질이 있습니다. 저는 새로운 경험을 통해 전두엽의 노화를 조금이나마 늦추고 있는 겁니다.

저는 글을 쓰는 사람으로서 지금 어떤 책이 잘 팔리고 있는지 예전부터 관심을 기울이고 있었습니다. 또 왜 그 책이 인기가 있는지 분석해 왔습니다. 이런 습관이 인간 정신 활동의 핵심인 전두엽을 단련하는 데 알맞은 훈련이었다고 믿습니다. 전두엽은 새로운 정보를 매우 좋아해서 잘 팔리는 책과 흥행한 영화, 음악을 알고 싶어 하고 재밌다고 평가받는 작품을 감상하고 싶어 합니다.

그러니 앞뒤 재지 말고 '한번 해 볼까?'라는 말로 행동을 이끌어 냅시다. 새로운 경험이 늘어날수록 전두엽을 활성화할 기회가 늘어나겠죠. 다만 그 경험이 틀에 박힌 듯 늘 똑같이 반복되는 일상의 습관처럼 되어 버리면 전두엽이 활성화되지 않고 자기만족으로 끝나 버립니다. 이 점에 관해서는 주의할 필요가 있습니다. 매일 변화하려는 의지를 소중히 생각합시다.

"아무튼 하자"

시도한 일의 결과가 나쁘더라도 '아무튼 하기는 했다'라고 생각하며 시도 자체를 긍정적으로 받아들이도록 노력하세요. 결과보다는 무언가를 경험했다는 사실이 더 중요합니다. 나중에 '큰일 났다'라고 외칠 일이 생길지라도 뒷일이 걱정되어 아예 시도조차 하지 않는 것보다는 낫습니다. 감정도 훨씬 자극되고 무언가를 시도해 보았다는 사실에 기분도 좋아집니다. '아무튼 하자'라고 마음먹으면 어지간한 일은 어떻게든 됩니다. 100% 성공은 없어도 100% 실패도 없습니다. 정년퇴직 이후의 생활은 중간만 가도 성공입니다. 일단 시도해 본 사람은 그것 자체로 기분이 홀가분해져서 나쁜 결과가 나와도 의외로 아무렇지도 않습니다.

행동을 바꾸면 마음도 바뀐다는 행동 요법 원리는 60대 이후 일상생활을 할 때 여러 상황에서 유용합니다. 누구나 나이를 먹으면 행동이 굼떠지기 마련입니다. '취미 동호회에서 나오라고 했는데 아직 대답하지 않았다', '영화를 보러 갈까 했는데 오늘은 날씨가 안 좋으니 가지 말아야겠다', '치과 예약을 해야 하는데 또 미루고 말았다' 같은 식으로 핑계만 늘 뿐 움직이기가 쉽지 않죠. 귀찮다거나 피곤하고 돈도 든다며 그냥 뒤로 빠지고 싶은 마음이 스멀스멀 올라오는 것을 겪어 본 사람이 많을 것입니다. 그런 망설임이 느껴질 때 '아무튼 하자'라고 말해 보세요. '아무튼 누군가가 권하면 해 보자', '아무튼 나가자', '아무튼 전화하자' 같은 식으로 무언가가 망설여질 때 '아무튼'을 붙여서 되뇌면 신기하게 발걸음을 내딛기 쉬워집니다. 그리고 그것이 계기가 되어 기분이 좋아질 것입니다.

"안 하는 것보다 낫다"

고령자는 전두엽 기능이 저하되어 이따금 감정적으로 행동하게 됩니다. 걸핏하면 화를 내거나 무슨 일이든 부정적으로 받아들이고 고민하거나 성격이 날카로워집니다. 그렇게 감정에 사로잡히면 인간관계가 나빠지고 부적응 사고로 인해 우울증 증상이 나타납니다. 따라서 고령자에게는 감정을 능숙하게 조절하는 기술이 중요합니다.

여러 가지 부정적인 감정에 대처할 때 권하고 싶은 것은 즉시 몸을 움직이는 것입니다. 가 봤자 어차피 재미없다는 둥 이렇게 해도 해결은 안 된다는 둥 습관적으로 부정적인 상상을 하고 있지는 않나요? 만일 그렇다면 '안 하는 것보다 낫다'라고 말하고 움직여 보세요. 행동에 나서면 마음이 가볍고 편해집니다. 움직일 때마다 해로운 생각으로부터 자유로워집니다.

또 사소한 일로 끙끙 앓는 사람은 자기부터 탓하는 경향이 있습니다. 가령 친구와 만나기로 했는데 바로 직전에 마음이 바뀌어 약속을 취소하게 된 경우를 생각해 봅시다. 자기 탓이 습관이 된 사람은 '분명히 화가 났겠지. 진즉에 약속을 거절했더라면 이런 일로 속 태우지 않아도 됐을 텐데'라고 자책하며 그 감정에만 사로잡혀 버리곤 합니다. 게다가 '내가 나빴어'라고 생각하면 위축되어 꼼짝할 수 없게 됩니다. 이럴 때 지나치게 걱정하지 않으려면 안 좋은 상황을 겁내지 말고 더 많이 움직이면 됩니다. 물론 그러면 때때로 싫은 일도 일어나겠죠. '뻔뻔한 사람', '반성하지 않는 사람' 같은 말로 비난받을지도 모릅니다. 하지만 당신의 마음을 편안하게 해 주는 사람도 있을 것입니다. 내향적으로 잠자코 가만히만 있으면 불쾌한 감정에 파묻혀 지내게 됩니다. 오히려 '안 하는 것보다 낫다'라고 생각하고 행동하는 편이 훨씬 기분을 좋게 해 줄 겁니다.

"잠깐 나가 볼까?"

의욕이 떨어져 기운 없고 초라한 노인이 되는 것을 막으려면 일광욕하는 습관을 들이는 게 좋습니다. 뇌 안에서 의욕과 밀접하게 관계하고 있는 신경전달물질인 세로토닌은 햇볕을 쬐면 많이 만들어지니까요. 우울증 치료 중 하나인 광치료는 인공적으로 만든 강한 빛을 일정 시간 동안 쬐는 것으로, 세로토닌 분비량이 늘어나서 증상을 개선하는 데 효과가 있습니다. 집에 틀어박혀 있으면 기분이 울적해지곤 하죠. 햇볕을 쬐어 세로토닌을 늘려 주면 무엇이든 하고자 하는 마음이 생겨납니다. 그러니 '잠깐 나가 볼까?'라고 말하며 하루에 한 번은 방 밖으로 나가 한낮의 밝은 햇볕을 쬐는 습관을 들이세요. 산책을 하거나 마트에 장을 보러 가는 것도 좋습니다. 15분 정도 햇볕을 쬐기만 해도 의욕 감퇴를 막는 데 효과적입니다.

특히 정년 이후에는 출퇴근 습관이 없어지니 의식적으로 밖에 나가는 습관을 만드세요. 날씨가 화창한 날에는 온종일 방 안에만 있지 말고 꼭 나가야 합니다. 물론 나이가 들수록 자외선 탓에 기미가 남기 쉬우니 햇볕을 너무 오래 쬘 필요는 없습니다. 양산을 미리 준비하여 마트에 장을 보러 가는 정도로도 충분합니다. 참고로 일광욕을 권하는 시간대는 아침입니다. 햇볕을 쬐면 세로토닌이 만들어지고, 세로토닌을 원료로 삼는 수면 호르몬인 멜라토닌도 많아집니다. 밤이 되면 세로토닌이 멜라토닌으로 바뀌기 때문이죠. 그러니 아침에 햇볕을 쬐어 세로토닌을 많이 생성해 두세요. 반대로 우리가 주간에 활동하려면 멜라토닌 분비를 억제할 필요가 있습니다. 그 스위치 역할이 바로 햇볕입니다. 다시 말해 아침 햇살을 받으며 생활하면 멜라토닌 분비와 양이 조절되어 체내 리듬이 정상으로 유지되고 잠을 푹 잘 수 있습니다.

"으하하하!"

스트레스가 쌓이면 교감신경이 우세한 상태가 되어 혈압과 심박수가 오르고 밤에 잠을 푹 자지 못하게 됩니다. 소화기 계통의 움직임도 약해져 식욕이 떨어지고요. 피로한데다가 영양 상태도 나빠지기 때문에 더욱 초조하고 불안해지는 악순환이 반복됩니다.

　자율신경은 교감신경과 부교감신경으로 구성되는데 흔히 교감신경은 액셀이고 부교감신경은 브레이크라고 비유합니다. 교감신경이 우세한 상태는 발을 떼지 않고 계속 액셀만 밟고 있는 상태를 말합니다. 브레이크를 능숙하게 밟지 않으면 사고가 일어나겠죠. 스트레스에 의한 교감신경 항진은 많은 병의 원인이자 증상 악화에도 관련이 있고 특히 뇌졸중과 심근경색의 원인으로도 잘 알려져 있습니다. 최근에는 암 위험성도 높아진다는 연구 결과가 보고됐습니다.

부교감신경을 활성화하여 능숙하게 브레이크를 걸려면 이야기하기, 웃기, 걷기를 항상 유념하세요. 대화할 일을 의식적으로 늘리면 뇌 안의 신경전달물질의 움직임이 활발해집니다. 카톡이나 라인 같은 메신저를 자유자재로 쓰시는 분도 20세기로 돌아간 셈 치고 직접 목소리를 내며 길게 통화해 보세요. 또 웃기지 않더라도 '으하하하!' 하고 소리 내어 웃는 것이 중요합니다. 크게 숨을 들이쉬게 되어 부교감신경을 자극하고 심신의 긴장을 풀어 줍니다. 또한 암세포와 바이러스를 퇴치하는 NK 세포가 활성화되어 면역력이 올라갑니다. 또 걷기를 할 때는 다이어트 효과를 위해 오로지 걷는 데만 집중하는 것보다 느긋하고 여유롭게 산책하는 걸 권합니다. 산책길에 있는 가로수나 풍경을 보며 계절의 변화와 하루의 소소한 변화를 느끼면 뇌는 재충전되어 활성화됩니다.

"그래"

노년기에는 뇌와 몸의 다양한 기능이 저하되고 자신감도 어딘가로 사라져 사소한 일에도 끙끙 앓고 걱정하는 일이 늘어나죠. 그대로 놔두면 매사 소극적으로 행동하게 되고 활동성이 떨어져 노화가 더욱 빨리 진행됩니다. 처음에는 '아직도 그런 일에 연연하고 있는 거야?'라거나 '이제 슬슬 힘내야지!'라고 격려해 주는 사람이 있겠지만 머지않아 아무도 말을 걸지 않을 것입니다. 모처럼 만났는데 함께하는 자리에서 한숨만 내쉬고 푸념만 하면 주변에서 그냥 가만히 내버려 두는 게 당연하겠죠.

사소한 일에도 앓는 소리를 하는 사람이라면 최소한 이것만은 실천해 보기를 바랍니다. 그건 바로 격려의 말을 들었을 때 솔직히 수긍하는 것입니다. '힘내라', '대수롭지 않은 일은 그만 잊어버려라'라고 말해 주는 사람이 있다면 '그래'라고 순순히 대답해 보세요. 무슨 소리냐고 대답하거나 아직 멀쩡하다고 허세를 부린다면 서로 거리감이 생겨 대화가 끊기고 맙니다. 그러다 어색하고 불편해져서 그 자리에 오래 있기 힘들어지면 결국 '난 안 돼'라고 하며 다시 원점으로 돌아갈지도 모릅니다. 그렇든 그렇지 않든 일단 수긍하고 받아들여 보는 것이 가장 중요합니다.

혼자서 끙끙 앓는 사람은, 말을 걸어 줬는데 괜히 민폐를 끼치는 건 아닐까 걱정하며 타인의 기분을 필요 이상으로 앞질러 단정해 버리곤 합니다. 그래서 행동을 주저하거나 차라리 아무것도 안 해 버리는 것입니다. 격려의 말에 솔직하게 수긍하면 혼자만의 생각에서 벗어날 수 있습니다. 격려해 주는 사람이 아직 있다면 괜찮습니다. 그들에게 먼저 솔직해지세요. 과한 걱정에서 벗어날 수 있습니다.

"그것도 그러네"

배우자든 친구든 상대가 항상 내가 기대하는 반응을 보이는 건 아닙니다. 좋아할 줄 알았는데 싫은 소리만 들었다거나 묻는 말에 대답하지 않고 자기 하고 싶은 말만 한다거나 하는 일은 흔한 일이지만, 나이를 먹으면 그것만으로도 화가 나고 부정적인 감정에 사로잡혀 허우적거리는 사람이 많아집니다. 그로 인해 인간관계에 금이 가는 일도 자주 있고요. 한편 긍정적인 사람은 상대가 기대와 다른 반응을 보였을 때 일단 '그것도 그러네'라는 말로 넘어갑니다. 물론 중요한 문제라서 도저히 그렇게는 넘어갈 수 없는 상황이라면 크게 논쟁해도 상관없습니다. 하지만 보통은 어느 식당에서 점심을 먹을지 어떤 TV 채널을 볼지 따위의 시시껄렁한 이야기일 때가 대부분이죠. 상대의 반응에 동조한들 손해를 보는 일은 아닙니다. 중요한 것은 자신의 감정을 쌓아 두지 않는 것입니다.

'대체 왜', '재미없어', '항상 이런 식이지' 같은 식으로 나쁜 감정에 사로잡히면 자신의 부정적인 기분만 마주하게 되어 계속 불쾌하기만 할 뿐입니다. 상대의 의견을 수용하고 기분을 바꿔 보세요. 그러면 마음이 활짝 열리고 감정을 조절할 수 있습니다. 또 상대와 원래 말하려던 주제로 다시 돌아갈 수도 있고요.

"도와줄래?"

참지 말고 제멋대로 하라고 조언해도 역시 한계까지 참고 버티는 사람이 있습니다. 가정이나 친구 관계에서도 나만 참으면 된다고 여기는 습성이 몸에 밴 사람을 흔히 볼 수 있죠. 이런 습성이 빚는 문제 상황은 정년 이후에 새롭게 시작한 일에서도 일어날 수 있습니다. 이기적인 친구에게 나만 일방적으로 휘둘리고 있다고 느끼거나 아직 일이 익숙지 않은데 할 일이 산더미 같다고 느껴질 때, 끝까지 참고 견디다 보면 결국 한계에 다다랐을 때 참지 못하고 분노가 폭발할지도 모릅니다.

그렇게 되기 전에 '도와줄래?'라고 솔직하게 도움의 신호를 보내세요. 사람들은 누군가가 곤란한 상황에 처해 있다는 사실을 놀라울 정도로 알아채지 못합니다. 이렇게 말해도 도움의 신호를 보내지 못하고 참기만 하는 사람이 있을 겁니다. 도움을 청하는 게 보잘것없는 자기 모습을 인정하는 일이라고 생각해서 그러는 걸지도 모르겠네요. 그런 사람은 입버릇처럼 괜찮다고 말합니다. 걱정을 담아 정말 괜찮냐고 물으면 당연히 괜찮다고 대답합니다. 그렇게 대답한 사람 중에는 사실 상대가 한 말을 솔직하게 받아들이지 않는 사람도 있을 겁니다. 말로만 걱정한다고 생각하거나 상대는 친절한 척하고 있을 뿐이라며 꼬일 대로 꼬인 생각으로 밀어내는 것이죠.

걱정해 주는 사람의 말을 솔직하게 받아들이세요. 도움을 청하는 말로 시작되는 관계도 있습니다. 새로운 인간관계는 걱정해 주는 말을 솔직하게 받아들이는 것에서 시작됩니다. 나이를 먹으면 얼마나 솔직한지가 행복의 척도를 정합니다. 주위에서 격려의 말을 듣고 받아들이거나 곤란한 상황에서 도움을 청할 때 솔직함을 꼭 명심하세요.

"좋은 일이 있을 거야"

밝은 기분으로 긍정적으로 살려면 매사 좋은 일이 있을 거라고 생각하세요. 결과가 어떻게 될지 모르는 일도 잘 될 거라고 좋은 상상을 하면 적극적으로 행동에 나서게 되고 사고방식이 낙천적으로 변합니다. 그러면 뇌와 마음 건강에 매우 좋습니다. 인간은 이러한 긍정적 사고의 장점을 경험적으로 이미 알고 있다고 생각합니다.

'까치가 울면 반가운 손님이 찾아온다' 같은 말이 적절한 예가 되겠네요. 일상 속에서 까치를 매일같이 보기는 어렵지만 또 그렇다고 까치가 아주 드문 새는 아니고 종종 마주칠 수 있는 편이죠. 이런 드물지 않은 사소한 일도 좋은 징조로 여기면 새 울음소리 하나로도 그날 하루를 기분 좋게 보낼 수 있습니다.

일상의 소소한 일을 좋은 일이 있을 징조로 보느냐 흉조로 보느냐에 따라 하루가 완전히 달라집니다. 급하게 길을 건너려는데 눈앞의 신호가 빨간색으로 바뀐 상황, 적신호가 된 건 그저 우연일 뿐인데 하필 정신없이 바쁜 날에 그런 일을 겪으면 나쁜 일로 받아들일지도 모릅니다. 특히 불안할 때는 더 그렇게 느끼기 쉬운 법입니다. 이런 때에는 생각을 바꾸세요. 적신호는 멈추라는 신호가 아니라 쉬고 한숨 돌리라는 신호라고요.

이렇게도 생각해 볼 수 있습니다. 만일 좋은 일과 나쁜 일이 절반씩 일어나는 것이 인생이라면 나쁜 일이 일어나도 금방 잊어버리는 사람은 결론적으로 좋은 일만 기억하게 되고 그게 점점 더 쌓일 겁니다. 다시 말해 적극적이고 낙천적인 사람이 될 수 있다는 것이죠.

"열심히 살았어"

인간은 장점보다 단점에 눈길이 가는 법입니다. 가만히 놔
두면 나쁜 일만 눈에 띕니다. 나이를 먹으면 먹을수록 심
신이 쇠약해져서 단점에 눈길이 쏠리기 더 쉬워집니다. 그
러지 않기 위해 '열심히 살았어'라는 말로 좋았던 과거로
의식적으로 관심을 돌리는 것이 중요합니다.

구체적으로 과거에 있었던 좋은 일을 종이에 써 내려가
봐도 좋습니다. 이는 우울증의 정신 요법인 인지 요법에서
도 종종 활용하는 효과적인 방법입니다. 지금 여러분에게
는 좋은 일이 얼마나 있나요? '아픈 데 없고 건강하다', '지

병이 있긴 하지만, 잔병치레가 잦은 사람일수록 더 오래 산다고 한다', '작긴 해도 내 집이 있고 대출금도 전부 갚았다', '학창 시절부터 친하게 지낸 친구가 한 명 있다', '자식이 두 명 있다', '요리를 잘한다', '차를 가지고 있다', '일하며 얻은 지식과 인맥이 있다' 같은 것을 떠올려 보세요. 개인적인 일도 예가 될 수 있겠네요. '이야기하는 것을 좋아한다', '역사 소설을 좋아한다', '인간관계가 좋다', '금연한 지 30년째다' 등 많은 일이 있겠죠.

지금까지 눈치채지 못한 일과 딱히 좋은 일이라고 생각하지 않았던 일도 목록에 적어 보면 나도 그런대로 괜찮은 사람이라는 생각이 들 것입니다. 그렇게 생각할 수 있다면 벌써 새로운 좋은 일이 일어나고 있는 셈이겠죠.

"정말 그럴까?"

'똥고집 영감탱이'라는 익숙한 말처럼 나이를 먹으면 고집불통이 됩니다. 전두엽이 노화하여 변화에 대응하기 어려워지기 때문입니다. 한편 TV에서 흘러나오는 선동적인 정보와 자기가 신봉하는 사람의 말을 곧이곧대로 받아들이는 경향도 심해지고요.

이것은 나이가 들수록 애매함을 참기 힘들어지고 어떤 일이든 명쾌하게 규정할 수 있어야 안심되기 때문입니다. 이것도 역시 전두엽 노화가 원인이며 복잡한 일을 해석하는 힘이 약해진 탓입니다. 그래서 TV의 뉴스 패널들이 옳다고 단정하거나 그럴싸하게 말하면 곧장 그렇구나 하고 수긍해 버립니다. 주인공이 짠하고 등장하기만 하면 만사가 일사천리로 해결되는 단순한 권선징악 드라마를 좋아하는 정도는 애교로 넘어가 줄 수 있지만, 점쟁이를 믿고 재산 관리까지 맡겨 버리는 일도 일어납니다.

뉴스 패널들의 시원시원하고 똑 부러지는 말투에 곧바로 동의해 버리는 것은 사고가 노화됐다는 증거입니다. 어딘가 이상하다 싶으면 '정말 그럴까?'라는 말로 딴지를 걸고 자기 나름대로 생각해 보려는 습관을 지녀야 합니다. 사고의 노화를 막는 효과적인 훈련이 됩니다.

아무 일에나 트집을 잡으라는 의미가 아닙니다. TV 정보 프로그램에 흔히 있는 편향적인 의견을 바보들이 우스갯소리로 지껄이는 것으로 생각하고 '그건 말이 너무 심하다', '예외가 있을 것이다' 이렇게 딴지를 거는 것입니다. 의문을 품기만 해도 충분하지만 '이럴지도 모르겠다', '저런 식으로도 생각할 수 있겠다'라고 하며 생각의 폭을 넓힌다면 사고의 노화를 더 늦출 수 있습니다.

"다시 생각해 보니까"

일반적으로 자기 주장을 일관되게 유지하고 쉽게 굽히지 않는 것은 훌륭한 일이며 의견을 바꾸는 사람은 믿기 어렵다고 생각하곤 합니다. 분명히 힘 앞에서 굴복하는 식으로 이해타산을 따지며 손바닥 뒤집듯 말을 바꾸는 사람은 믿기 어렵습니다. 하지만 잘못을 알게 되었다거나 의견이 일치하지 않는다는 걸 알아챘을 때 '다시 생각해 보니까'라고 말하며 의견을 바꿀 수 있는 사람은 자기 의견을 고집하느라 잘못을 인정하지 않는 사람보다 훨씬 훌륭하다고 생각합니다.

평균 수명이 짧던 시기의 상식을 현대에 그대로 적용하

는 것은 무의미합니다. 마찬가지로 인구가 계속 늘어나고 경기가 좋던 때의 경제 이론을 고령화가 진행되어 인구가 감소하고 있는 현재 상황에서 완고하게 주장하거나 당시의 가족 제도야말로 일본의 미덕이라고 얘기해 봤자 의미가 없습니다.

물론 다수파에 무작정 영합하자는 의미는 아닙니다. 지금까지의 논리나 이치에 안 맞는다고 생각했을 때는 여태껏 해 왔던 말에 얽매이지 않고 유연하게 행동하는 게 중요하다는 말이죠. 그러려면 전두엽을 젊게 유지하고 '반드시 그래야만 한다'라는 식의 구속으로부터 자유로워지는 것이 필요하고요.

지금까지 제가 권한 것을 '안 하는 것보다 낫다'라는 태도로 한번 시도해 봤는데 나에게는 안 맞다는 생각이 들면 재빠르게 그만둬야 합니다. 통계적인 데이터와 충분한 경험을 바탕으로 한다고 해도 모든 독자에게 적합한 방법일수는 없으니까요. 그래서 저는 저의 사고방식과 방법론만 옳다고 말하지 않고 반론도 환영합니다. 무언가를 시도하고 그것이 별로였다면 다른 방법을 거듭 시도해 봐야 합니다죠. 그것이 우리를 행복으로 이끄는 유연한 삶의 태도라고 저는 생각합니다.

종장

생각을 바꾸면 행복한
노후가 보인다

성숙하게 의존하면
사회도 나아진다

현대의 고령자는 일이나 연애에서 자기 욕망을 실현하는 것을 좋게 보았던 거품 경제 시대를 보냈기에 돈 쓰는 즐거움을 아는 사람들입니다. 그런 만큼 인생을 즐기는 방법도 잘 알고 있습니다.

저는 가끔 일본인은 세금이 아니라 '소작료'를 내고 있다고 생각할 때가 있습니다. 본래 세금이란 교육과 의료, 실업 대책 등을 위해 내는 것이고 납세자가 필요로 할 때 낸 만큼 돌려받는 것입니다. 다른 국가라면 낸 만큼 돌려주지 않은 정권은 선거에서 패배의 쓴맛을 보았을 것입니다. 하지만 일본 정부의 경우, 세금을 제멋대로 쓰고 있다는 인상을 지울 길이 없습니다. 거기다 많은 국민이 세금이 소작료라도 되는 양 어쩔 수 없다고 말하거나 당연히 돌려받지 못할 거라고 생각합니다.

복지란 혜택을 받는 사람을 위해서만 존재하는 것이 아닙니다. 우리가 노쇠해질 때를 대비하여 최대한 저축하려하는 이유는 건강은 자기 책임이기에 남에게 의지해서는 안 된다는 생각 때문이겠죠. 하지만 그런 생각이 강해져 사회에 전반적으로 퍼지면 소비 불황이 일어나고 결과적으로 국가와 사회 모두 가난해질 우려가 있습니다.

그러나 남에게 의존하지 않는 것은 미덕도 아니고 중요하지도 않습니다. 영 시니어인 여러분이 성숙하게 타인에게 의존할 수 있기를 바랄 따름입니다. 남이 뭔가를 해줬을 때 고맙다고 답하면 상대의 자존감이 충족됩니다. 받는 쪽이 의존하는 것처럼 보이지만 상대도 심리적으로 만족하게 되고, 그러면 눈에 보이지 않는 좋은 일이 연쇄적으로 꼬리에 꼬리를 물고 일어납니다. 돌봄 서비스를 받는 것도 마찬가지입니다. 돌봄을 받으며 타인에게 의존하면 그 서비스를 제공하기 위해 고용이 창출되고 혼자 돌봄을 담당하던 가족의 부담이 줄어듭니다. 이처럼 더 큰 시각에서 보면 의존하는 건 손해도 아니고 폐를 끼치는 일도 아닙니다. 세상은 그렇게 서로가 서로에게 이어진 채로 돌아간다고 생각하세요.

치매에 걸려도
인생은 계속된다

알다시피 신종 코로나바이러스 대책으로 일본 정부에서 막대한 돈을 투입했습니다. 재난 기금과 보조금, GO TO 트래블[여행업계를 지원하기 위해 실시한 캠페인-옮긴이] 등 다양한 관련 사업을 위해 정부가 지출한 금액은 2019~2021년도에만 약 94조 5천억 엔에 달합니다. 동일본대지진 복구 예산으로 10년 동안 약 32조 엔이 들었다고 하는데 그 세 배에 해당하는 막대한 금액입니다.

이처럼 사회적인 사안에 막대한 돈을 쓸 수 있다면 고령자 돌봄 현장에서 일하는 사람의 임금도 작정하고 더 올려 줄 수 있지 않을까요? 약 200만 명에 달하는 돌봄 서비스 제공자의 연 수입을 100만 엔 올려 준다고 해도 2조 엔 정도면 충분합니다. 연 수입을 평균 300만 엔에서 평균 400만 엔으로 인상하면 일손 부족도 해소될 거고요.

지금까지 고령자는 열심히 일하여 돈을 벌고 세금을 내 왔습니다. 지금까지 살아오는 내내 사회에 공헌해 왔다고도 바꿔 말할 수 있습니다. 이러한 고령자들의 요구를 충족하고 만족시키려 노력하다 보면 일본 경제와 사회 구조가 바뀔 가능성이 큽니다.

앞서 작가인 아카세가와 겐페이 씨가 '망령 부린다', '노망 났다'라고 말하지 말고 '시니어 파워가 생겼다'라고 바꿔 말하자고 제안한 것을 소개했습니다. 시니어 파워란 나이를 먹으면 얻을 수 있는 새로운 힘입니다. 예전 같으면 버럭 화를 냈을 법한 일에 화를 내지 않는다거나 나이를 먹어 초연하게 대처할 수 있게 된 것을 축하하는 말인 거죠. 사실은 많은 사람이 두려워하는 치매는 시니어 파워 그 자체고요. 본래 치매는 싫은 일은 금방 잊어버리고 싱글벙글거리게 되는 것이니 다복한 것이죠.

오래 살면 누구나 치매에 걸릴 위험이 있고 70대 후반이 되면 치매 환자 비율이 12~14%인데다, 80대부터는 그 비율이 더 올라갑니다. 85세 이상이 되면 치매에 걸리지 않더라도 알츠하이머형 치매 변성이 모든 사람에게 나타난다고 말하기도 했죠. 90세 이상 고령자의 60%가 치매라고 합니다. 즉 치매에 걸리고 싶지 않아도 꽤 높은 확률로 치매에 걸리게 됩니다. 그러나 만일 치매에 걸린다고 해도 절망할 필요는 전혀 없습니다. 치매로 진단받고 나서도 정상적으로 생활하는 사람이 얼마든지 있습니다.

중요한 것은 할 수 있는 일을 그만두지 않는 것입니다. 특히 치매 초기에 평소와 똑같이 생활한다면 진행에 제동을 걸 수 있습니다. 중기 이후에도 할 수 있는 일을 계속하면 진행 속도가 느려집니다. 반대로 치매 진행을 앞당기는 방법은 몸과 머리를 쓰지 않는 것입니다. 인간의 일상생활은 실로 복잡해서 평소처럼 일상생활을 유지해 나가기만 해도 충분히 치매가 진행되는 것을 방지합니다. 인지 기능의 쇠퇴를 영 시니어 파워의 하나로 받아들이고 할 수 있는 일을 계속하세요.

가장 효과가 좋은 것은 타인과의 대화입니다. 대화는 상대가 말한 것을 이해하고 곧바로 무언가 반응을 보내야 하는 고도의 지적 행위라서 강제로 머리를 회전하게 합니다. 입으로 소리를 내는 것 자체에도 치매를 방지하는 효과가 있습니다. 제가 진찰하는 알츠하이머형 치매 환자 중 한 분은 오랜 세월 취미로 시 낭송을 해 왔는데, 소리 내어 시를 읽는 것이 습관이어서 그런지 치매 증상이 매우 느리게 진행되고 있습니다. 노래방에 가서 노래를 부르거나 합창단에 들어가 합창을 하는 등 소리를 내는 취미는 치매 방지를 위한 좋은 수단이 될 수 있습니다.

아울러 이것도 누누이 말했지만 활기차게 80~90대를 보내고 건강하게 100세를 맞이하려면 자제하지 않아야 합니다. 60대 이후 고령자의 노화 속도를 빠르게 하고 건강을 해치게 만드는 원흉이 바로 '자제하는 것'입니다. 재밌고 즐겁게 사는 게 면역력을 높이고 폐렴 같은 감염증과 암을 물리치는 방법입니다.

보호받으며 살기보다는
즐기면서 살고 싶어

세계에서도 손꼽히는 초고령사회인 일본에는 이처럼 개인이 실천할 수 있는 다양한 방법부터 사회적 차원에서 바꿔가야 하는 과제까지 많은 것들이 켜켜이 쌓이고 있습니다. 초고령사회를 살아가는 영 시니어들이 기존의 노인과 다른 점은 언제까지나 인생을 즐기고자 하는 점입니다. 하지만 고령자의 즐거움을 위한 상품과 서비스는 아직 걸음마 수준입니다. 시니어를 대상으로 하는 돌봄과 건강 상품 같은 '고령자를 보호하기 위한' 분야만 눈에 띄고 맛있는 음식과 여행, 엔터테인먼트라는 '고령자가 즐길 수 있는' 분야에는 거의 손을 놓고 있습니다.

선견지명이 있는 회사는 이미 고령자의 즐거움을 위한 상품 개발에 착수했습니다. 주 고객층의 연령대가 중장년 이상이었던 홈쇼핑 회사 자파넷 다카타는 발 빠르게 호화 여객선 여행 '자파넷 크루즈'를 선보여 호평받았습니다. 호시노 리조트는 고객층 대부분이 중노년 세대입니다. 명확하게 노년 대상이라고 표방하고 있지는 않지만, 고령자를 핵심 고객으로 간주하고 있는 것이죠.

세상에는 이토록 많은 상품과 서비스가 매일같이 쏟아져 나오고 있지만, 고령자가 즐길 만한 새로운 것에 관심을 두는 기업이 아직 많지는 않습니다. '고령자를 보호하기 위한' 상품이나 서비스가 아닌, '고령자가 즐길 수 있는' 디지털 도구나 TV 프로그램 기획 같은 게 좀 더 많아졌으면 좋겠습니다. 제조, 서비스 분야 기업인들이 전두엽을 최대한 활용하여 뛰어난 아이디어를 창출하기를 기대합니다.

마치며

저출산 고령화가 사회 문제로 대두된 지도 시간이 많이 흘렀습니다. 저출산 대책에 관해서는 수많은 논의가 오가고 엄청난 돈을 쏟아붓고 있지만, 성공할지 어떨지 잘 모르겠습니다. 가령 성공한다 해도 노동력에 실제로 보탬이 되려면 20년은 족히 걸리고, 엄청난 교육 예산을 쏟아부어야 한다는 사실은 거의 논의조차 되고 있지 않습니다. 현재 일어나고 있는 노동력 부족, 그리고 30년 이상 이어진 소비 불황을 해결하려면 저출산 대책의 성과가 가시화되기까지 20년 이상 걸리는 겁니다.

실은 이 두 가지 문제를 동시에 해결할 방법이 있습니다. 고령자를 건강하게 만들어 노동할 수 있는 사람의 비율을 늘리는 것과 충분히 소비 생활을 하게 하는 것입니다. 이렇게 하면 당장 아이들의 수가 늘어나지 않더라도 노동력 부족과 소비 불황을 한꺼번에 해결할 수 있을 것입니다. 다만 이것은 말처럼 쉬운 일은 아닙니다. 왜냐하면 점점 더 고령화가 심화되고 있고, 그에 따라 후기 고령자 비율이 늘어나고 있기 때문입니다. 나이를 먹을수록 간병과 돌봄이 필요한 사람의 비율과 치매에 걸린 사람의 비율이 늘어납니다. 65세~69세에 치매에 걸리는 사람은 4%도 안 되지만, 85세~89세에는 40%가 넘습니다. 2020년 시점에 간병과 돌봄 지원이 필요한 사람은 682만 명이지만, 고령화가 가속되어 2040년에는 988만 명에 달할 것으로 추정하고 있습니다.

고령자를 건강하게 지내게 하는 것은 저출산 대책 이상으로 중요한 정책일 텐데 국가는 그와 정반대인 일만 하고 있습니다. 게다가 고령자가 교통사고를 일으키면 면허 반납을 독촉하고 인지 기능 테스트 점수가 나쁘면 면허를 박탈하는 일을 버젓이 행하고 있습니다. 운전을 그만두면 건강이 나빠져 간병과 돌봄이 필요할 확률이 2배 이상 올라

간다는 사실이 밝혀졌는데도 말입니다.

　또 콜레스테롤 수치가 좀 높고 약간 통통한 체형의 사람이 훨씬 건강하게 오래 산다는 데이터가 여럿 나왔는데도 대사 증후군 대책이랍시고 다이어트를 권해 고령자를 저영양 상태에 빠지게 하고 있습니다. 한편 50년 동안 호흡기내과, 소화기내과, 순환기내과와 같은 식의 장기별 진찰이 개선되지 않고 이어지고 있는 점도 문제입니다. 고령자는 여러 종류의 질병을 동시에 앓는 경우가 많아서 각 과에서 처방받는 약만 해도 10가지가 넘는 경우가 많으니까요. 모두 국가가 고령자의 실태를 충분히 파악하지 않은 채로 의료 정책을 밀고 나가기 때문이라고 생각합니다. 동물 실험만 해봤을 뿐 이렇다 할 임상 경험이 없는 대학교수들이 모이는 심의회 의견을 곧이곧대로 듣고 있을 뿐인 거죠. 이런 상황이 적나라하게 드러난 것이 신종 코로나바이러스 자숙 정책이었습니다. 고령자를 진찰하지 않는 감염증 학자의 의견을 중심으로 코로나 대책이 행해졌기 때문에 서구 사회의 상식으로는 상상할 수 없을 정도로 오랫동안 자숙 정책이 이어졌습니다.

　밖으로 나가지 않고 걷지 않고 사람들과 이야기하지 않는 상황이 오래 이어지면 신체 기능과 인지 기능이 점점 퇴

화합니다. 그러한 사실을 전혀 고려하지 않은 것이죠. 이제
는 자숙 정책을 해제했지만 고령자가 밖으로 나갈 기회는
여전히 쉽게 늘지 않고 있으며 이는 앞으로 커다란 사회 문
제가 될 것입니다.

이렇듯 정치에 의존하면 고령자는 노쇠해지기만 할 것입
니다. 우리 스스로 생활 습관을 바꾸고 가능한 한 오랫동
안 건강하게 지내면서, 심신이 쇠약해진 후에도 늙음과 소
통하며 살아가는 새로운 노인인 영 시니어를 목표로 하자
는 것이 이 책의 취지입니다.

저는 멋들어진 직함은 없지만 고령자를 6,000명 이상 진
찰해 온 경험이 있습니다. 고령자가 스스로 멋지게 나이 드
는 이상적인 방법에 관해 알기는 어려운 부분이 있습니다.
80세 노인도 85세 노인의 삶에 대해서는 경험이 없으니까
요. 그래서 의사로서 고령자에 관해 깊이 있게 연구해 온
제 주장에 귀를 기울이는 사람이 많아지고 있는 게 아닐까
요? 정치가뿐 아니라 경영자들도 고령자를 소비자나 영 시
니어로 간주하지 않습니다. 제가 쓴 책이 운 좋게도 2022
년에 가장 많이 팔린 책이 되었습니다. 그로 인해 출간 문
의가 쇄도했지만, 기업으로부터 고령자를 대상으로 하는
서비스와 상품 개발에 관한 상담이나 의뢰를 받은 적은 단

한 번도 없습니다. 고령자가 돈을 쓰지 않는 것은 그들이 구두쇠라 그런 게 아니라 기업이 고령자가 매력을 느낄 만한 서비스나 상품을 만들지 않기 때문이라는 것이 저의 한결같은 주장입니다.

　정치인과 기업이 고령자에게 관심을 주지 않는 현 상황에서는 이 책에 쓴 것처럼 영 시니어가 되는 것이 여러분의 생활의 질을 높일 열쇠가 되리라고 저는 확신합니다. 여러분이 지갑을 열면 정치인과 기업의 태도가 개선될지도 모릅니다. 영 시니어가 늘어날수록 경제도 틀림없이 좋아질 것입니다. 모두가 꼭 영 시니어가 되기를 바랍니다. 저도 그렇게 될 생각입니다.

2023년 6월 와다 히데키

좋은 건 계속하고 싶은 건 그만두는 거침없고 유쾌한 노후를 위한 조언

이 나이 먹었으면 즐길 때도 됐잖아

초판 1쇄 발행 2024년 11월 10일

지은이 와다 히데키
옮긴이 유미진
펴낸이 민혜영
펴낸곳 오아시스
주소 서울특별시 마포구 월드컵로14길 56, 3~5층
전화 02-303-5580 | **팩스** 02-2179-8768
홈페이지 www.cassiopeiabook.com | **전자우편** editor@cassiopeiabook.com
출판등록 2012년 12월 27일 제2014-000277호

ⓒ와다 히데키, 2024
ISBN 979-11-6827-236-1 03190

• 오아시스는 ㈜카시오페아 출판사의 인문교양 브랜드입니다.
• 잘못된 책은 구입하신 곳에서 바꿔 드립니다.
• 책값은 뒤표지에 있습니다.